新闻播音与主持语言创作创新研究

杨 琳 孙艺伟 刘 杨 ◎著

中国商务出版社
·北京·

图书在版编目（CIP）数据

新闻播音与主持语言创作创新研究 / 杨琳，孙艺伟，刘杨著. -- 北京：中国商务出版社，2023.8
　　ISBN 978-7-5103-4762-7

Ⅰ．①新… Ⅱ．①杨… ②孙… ③刘… Ⅲ．①播音－语言艺术－研究②主持人－语言艺术－研究 Ⅳ．①G222.2

中国国家版本馆 CIP 数据核字(2023)第 158999 号

新闻播音与主持语言创作创新研究
XINWEN BOYIN YU ZHUCHI YUYAN CHUANGZUO CHUANGXIN YANJIU
杨琳　孙艺伟　刘杨　著

出　　版：	中国商务出版社
地　　址：	北京市东城区安外东后巷28号　　邮　编：100710
责任部门：	教育事业部（010-64283818）
责任编辑：	刘姝辰
直销客服：	010-64283818
总 发 行：	中国商务出版社发行部　（010-64208388　64515150）
网购零售：	中国商务出版社淘宝店　（010-64286917）
网　　址：	http://www.cctpress.com
网　　店：	https://shop595663922.taobao.com
邮　　箱：	347675974@qq.com
印　　刷：	北京四海锦诚印刷技术有限公司
开　　本：	787毫米×1092毫米　1/16
印　　张：	11　　　　　　　　　　　　　　字　数：227千字
版　　次：	2024年4月第1版　　　　　　　　印　次：2024年4月第1次印刷
书　　号：	ISBN 978-7-5103-4762-7
定　　价：	68.00元

凡所购本版图书如有印装质量问题，请与本社印制部联系（电话：010-64248236）

版权所有　盗版必究　（盗版侵权举报可发邮件到本社邮箱：cctp@cctpress.com）

前言

新闻是广播电视宣传的主体，新闻播音工作是广播电视宣传中的一个重要组成部分。因此，努力总结新闻播音的经验，探索新闻播音的规律，切实提高新闻播音的质量水平，以适应当下广播电视传媒产业发展的形势，就成为播音员、主持人以及即将走向播音主持工作岗位的学习者责无旁贷的任务与使命。在播音主持艺术专业的教学中，新闻应该一直是教育的核心，新闻播音与主持能力是核心力量，只有坚守着核心力量，在当下的融媒体时代才有能力去迎接一次又一次迭代的技术升级。这才是教育应尽的职责。在广播电视行业的生产过程中，播音主持是非常重要的一个环节，播音主持的发展也间接影响着广播电视行业的发展。

语言是思想的直接体现，播音主持语言是广播、电视等传播媒体中有声语言的重要组成部分，在多媒体传播过程中有其独特的魅力。播音主持工作是通过语言将各种信息传达给人们的，这要求播音员、主持人正确运用播音语言并对其进行创新，既要呈现简单自然的状态，又要在此基础上对语言表述加以规范。创新不仅是播音主持语言创作的源泉，更是播音主持事业蓬勃发展的原动力。对播音主持语言的传承和创新对于播音主持工作者来说至关重要。每一位播音员、主持人都应该通过创新来提升自己的水平。

本书是关于新闻播音与主持语言创作研究方面的著作，主要包含了新闻播音与主持的语言表达特征分析和语言创作的创新方面的研究，在内容安排上首先对播音主持工作进行了论述，接着引入播音与主持创作的原则和方法，然后在对新闻事件表达特征了解的基础上，对新闻播音与主持的外在有声语言创作和创作的内在心理把控进行了系统分析，并针对演播室新闻语言评论的实践进行具体论述，最后探索了播音与主持语言创作的创新路径。本书可为新闻播音主持专业的人员提供参考。

由于时间仓促，加之作者能力有限，书中难免存在不足之处，望广大读者批评指正。

目　　录

第一章　播音主持工作概述 ……………………………………… 1

第一节　播音主持工作 …………………………………………… 1
第二节　播音主持的正确创作道路及创作特征 ………………… 11
第三节　播音主持工作者的职业道德 …………………………… 22
第四节　播音主持工作者的职业意识 …………………………… 28

第二章　播音与主持创作的理论 ………………………………… 34

第一节　播音主持艺术的创作原则 ……………………………… 34
第二节　播音主持艺术的创作方法 ……………………………… 41

第三章　新闻事件的陈述与表达要点 …………………………… 54

第一节　口语与书面语 …………………………………………… 54
第二节　用事实说话的方法 ……………………………………… 58
第三节　从采访笔记到新闻初稿的过程 ………………………… 61
第四节　新闻事件陈述与表达实操技巧 ………………………… 70

第四章　新闻播音与主持的有声语言创作 ……………………… 74

第一节　普通话语音 ……………………………………………… 74

第二节　语言发声基本技巧 …………………………………… 82

　　第三节　语言表达基本技巧 …………………………………… 91

　　第四节　播音创作的语言表达手段与技巧 …………………… 95

第五章　播音创作的内在心理把控 ……………………………… 110

　　第一节　播音创作中的感受 …………………………………… 110

　　第二节　播音创作中的情景再现 ……………………………… 116

　　第三节　播音创作中的内在语 ………………………………… 125

第六章　演播室新闻语言评论 ……………………………………… 133

　　第一节　新闻评论的要求及分类 ……………………………… 133

　　第二节　新闻评论主持人的职业要求与语言风格 …………… 136

　　第三节　优秀新闻评论节目及其主持人 ……………………… 142

　　第四节　新闻评论出镜训练 …………………………………… 145

第七章　播音与主持语言创作的创新路径 ……………………… 150

　　第一节　注重感性、知性、理性、悟性 ……………………… 150

　　第二节　形成播音主持创作的风格 …………………………… 154

　　第三节　注重播音主持的感染力和艺术个性 ………………… 159

　　第四节　提升播音主持的即兴话语质量 ……………………… 164

参考文献 ………………………………………………………………… 167

第一章 播音主持工作概述

第一节 播音主持工作

一、播音的性质、地位、作用

播音是一项创造性的活动。播音学是一门独立的学科。

播音，从广义上讲，是指电台、电视台等电子传媒所进行的一切有声语言和副语言传播信息的活动（包括各种声音、音响、音乐、语言、文字、图像、幻灯所进行的传播信息的活动）。

这里所要研究的播音，不是上面所讲的广义上的播音，而是指播音员和节目主持人运用有声语言和副语言，通过广播、电视传媒所进行的传播信息的创造性活动。播音是广播电视传播过程中关键的一环，是广播电视事业的一个重要组成部分。

（一）播音与主持工作的性质

由于播音与主持学科的边缘性，播音与主持创作的复杂性和多样性，所以对播音与主持性质的认识不应该是单一的、平面的，而应该是全方位的、立体的。

播音与主持，既具有自然属性，又具有社会属性；既具有新闻属性，又具有某些艺术的特征；既具有再造性，又具有原创性，等等。

这里主要讲的是播音与主持工作的创造性、多质性、新闻性等方面。

1. 播音与主持的创造性

播音主持语言表达是创造性活动。每次成功的语言表达，都渗透着语言表达者的心血，都是语言表达者创造能力的体现。那种不重视语言表达，不留心或研究语言表达规律和技巧的人，是很难获得语言表达成功的。

播音与主持这一事物是由播音员与主持人、稿件与素材及听众、观众之间的矛盾运动所构成。其中，播音员、主持人是播音主持创作的主体，稿件与素材、听众和观众是客体。从播音员与主持人同稿件的关系看，播音员与主持人通过主观能动性的发挥，通过感情建立起了一套新的符号系统。即把按文字排列、传递信息的符号系统，转化为按照有声语言和副语言传递信息的符号系统。从播音员与主持人同听众、观众的关系看，播音员与主持人在播音时，面对的是话筒和摄像机的镜头，看不到广播电视的听众或观众。这本身对播音员与主持人感情、语言的表达和交流是一种限制。创造性正是在限制中显现出来的。播音员与主持人在进行播音主持时，正是要通过主观能动性的发挥，去感受听众、观众的存在，面前无人，心中有人，从而与听众、观众在感情上、语言上沟通。所以，无论是从播音员与主持人同稿件素材的关系看，还是从播音员与主持人同听众、观众的关系看，播音与主持都是一项创造性的活动。

这种创造活动，包括有稿播音和无稿播音两种形式。事实上，无论是有稿还是无稿播音或主持，播音员与主持人在开口之前都要对其表达内容、形式、语气、节奏等，在自己的脑海中加以思考。在开口出声后，这种思考伴随着更为机动的现场调整，也在播音主持的过程中由始至终地发生着。不能只认为无稿播音才有创造，有稿播音也同样具有创造性。有稿播音，要以稿件为依据，要有一系列的创造性思维的流动，去挖掘和发现那里面的丰富内涵和情境意象，从中获得人文积淀、感情色彩、修辞效果和人生况味。然后，准确、鲜明、生动地形之声音，及于受众。播音员与主持人以稿件为依据，通过对稿件的分析，通过文字语言，发现并挖掘文字背后、文字之外的意蕴和观念，把理想的力量复原为理想的意图，再以这理想的意图为引导，去揭示被加强和加重了的理想的力量，并通过深化和美化的有声语言，催动这理想的力量的进一步物化和人化，从而达到锦上添花的目的，使受众愿意接受。

2. 播音与主持的多质性

由于播音与主持的综合性和复杂性，从创造活动中至少反映出这样几点属性：播音与主持是一项特殊的言语活动，具有语言传播的性质；播音与主持又是一项新闻实践活动，具有新闻性；播音与主持还是一项艺术创作活动，具有某些艺术属性。

播音与主持这一创作活动集语言、新闻、艺术于一身，是一个复杂的系统工程。从语言学角度看，播音与主持是一项特殊的言语活动。它的过程是：心理—生理—物理—生理—心理。其中，第一个心理、生理活动，是发送信息的人，即播音员与主持人发送信息的过程；第二个生理、心理活动，是接受信息的人，即听众或观众接受信息的过程；物理活动的过程，是声音在空间传播的过程。上面所说的五个运动过程，实际上是瞬间完成的。其中，生理和物理活动过程，具有自然属性；心理活动的内容，具有社会属性。

播音与主持这一言语活动的特殊性在于：一般生活中的言语活动，交流对象在场。言语交流，即言语活动的过程，是一个完整和相对封闭的系统，信息发送者，即说话人可以及时获得交流对象的信息反馈，并根据这种反馈随时调整自己的交流状态。在播音或主持时，播音员或主持人一般是坐在播音间或演播室里，面对话筒而听众、观众不在场。播音员听不到、看不到听众、观众的反馈，无法和听众、观众产生真正意义上的交流。他只能凭着自己的经验和感觉，去寻找"对象感"，在播音创作中尽可能做到与想象中的听众、观众进行交流。所以，播音这一言语活动的过程是一个相对不完整的系统。即便是有现场宾客、观众参与的主持人节目，由于现场嘉宾、观众已进入录制节目的传播场，与坐在家里电视机旁的观众相比，身份已发生了变化。因此，这类节目的主持人在主持节目时同样要考虑到现场外电视机前为数众多的观众，带动现场嘉宾与观众一起寻找一种与电视机前更多观众的交流感。

播音主持言语活动的特殊性还在于很多情况下必须依据稿件素材，并且把文字稿件转化为自己要说的话。播音与主持言语活动的特殊性又在于：日常生活的言语活动，言语者是代表自己讲话；播音与主持这一言语活动，播音员与主持人是代表电台、电视台甚至是代表党和政府讲话。同时，播音与主持这一言语活动，言语者还要受到话筒、镜头等传播条件的限制，副语言不能充分运用，尤其是电台播音，只能靠声音，这些都构成了播音言语活动的特殊性。所以说，播音与主持是一项特殊的言语活动。

从新闻学的角度看，播音与主持又是一项新闻实践活动。播音与主持是广播电视宣传的最后一环，播音员与主持人是电台、电视台的"门面"，也是电台、电视台采编、播音、传输等宣传过程中的一个中介。所以，播音创作也必须遵从新闻学的基本规律和原则。它不仅要反映人民群众实践活动的事件本身这一客观方面，也要反映人民群众在这一实践活动中的喜怒哀乐这一客观实际。这里的客观不是指无态度，而是指要从客观实际出发，防止主观随意性。播音与主持既然是一项新闻实践活动，新闻定义的三个要素，必然反映在播音创作中。新闻是新近发生的事实的报道，"新""事实""报道"即新闻三要素。

"新"体现在播音主持创作中，就是要有新鲜感和时代感；"事实、真实性"原则，体现在播音主持创作中就是要有真实感和分寸感；"客观报道"，体现在播音主持创作中就是要有表态性。

从艺术的角度看，播音主持又是一项艺术创造活动。播音主持创作语言的本身不等同于生活语言，它是一门语言艺术。播音主持创作过程，从感受到表达，从情感的引发到表现，都具有某些艺术属性。所以说，播音主持又是一项艺术创造活动。

3. 播音主持性质的主调

对播音主持性质的立体透视和全方位的认识，使我们看到了播音与主持的诸多性质。既包含自然属性，又包括社会属性；既包括新闻性，又具有语言传播和艺术的属性等。这众多属性同时发挥作用，构成了播音主持的性质。同时，这众多属性又不是平均用力、作用均等的。其中，新闻性在这些属性当中占据举足轻重的位置。新闻的真实性原则，使得在播音主持创作中播音员与主持人情感的表达与演员表演中情感的表达，有了质的区别。新闻的时效性、报道的连续性、政策分寸的把握，使得播音主持言语表达技巧区别于朗读、朗诵、讲演等，播音主持言语活动具有了自身的规定性。所以说，新闻性是主调。播音主持是广播电视宣传的重要一环，是新闻工作的重要组成部分。当然，强调主调，并不是说其他的不重要，主调只有在与其他属性的和谐统一中才能发挥作用。所以说，播音员和主持人是新闻工作者，也是语言艺术工作者。

（二）播音与主持工作的地位

播音和主持在广播电视节目传播中的地位是十分重要的。

首先，播音主持处于广播电视的最前沿。广播电视所有的新闻节目和其他许多节目，经过记者、编辑采写编排后，大都是由播音员或主持人播出或主持的。随着近年来的节目改革，由编辑、记者以现场播音（同期声），嘉宾参与主持，受众参与播出的形式出现的节目日渐增多，但就播出节目的整体而言，由播音员、主持人播出、主持的节目，还是占据着主体地位。播音与主持是广播电视传播的"前沿阵地"。传播前沿的地位，要求播音员和节目主持人把握好传播规律，提高有声语言和副语言传播的功力和水平，在受众中树立良好的公众形象，无愧电台、电视台"门面"的称号。

其次，播音与主持又是广播电视的"中介之序"。广播电视传播从大的过程来看可分为三个环节，即"节目采编—有声播出—技术发送"。播音与主持，恰好处于承上启下的中间环节，播音员和主持人扮演着举足轻重的角色。可以说播音与主持凝聚所有创作活动的成果。从某种意义上讲，没有播音与主持就没有完整的真正意义上的广播电视。

最后，播音与主持又是"联系的纽带和桥梁"，是党和政府联系人民群众的桥梁和纽带。播音员与主持人正是这个桥梁与纽带的凝结点，是桥梁和纽带形象的体现。这就要求播音员、主持人有强烈的政治责任感，完成好宣传党的方针政策、反映人民呼声的任务。要求播音员、主持人注意并认真处理多方面、多形式的受众反馈。

（三）播音与主持工作的作用

随着广播电视产业的迅速发展，电子传媒手段的充分运用，播音创作的天地更为广阔，播音主持的作用也就越来越大了。

1. 传递信息，体现态度，表明思想实质，具有了解和认识社会的作用

当播音主持创作者构建了语言传播系统、形成传播后，播音与主持便发挥着传递信息的功能。播音主持创作者在传递信息的过程中，把文字符号变为有声语言和副语言符号，这一传播符号不像文字符号那么抽象，它具有很强的直观性和表态性，这一符号时时刻刻都体现着传播者的态度。所以，播音主持创作者在传播过程中，必须通过有声语言和副语言表明其态度观点，不能含糊。直接、准确、鲜明地揭示语义实质和思想内涵，具有引导和帮助受众了解、认识社会的作用。

2. 传达感情，形象具体生动，吸引感动受众，具有鼓舞、教育、激励作用

播音主持创作不光是为了传达概念信息，更要传达情感信息。播音主持创作的核心就是要以情感人。播音主持创作者将静止、抽象的文字符号，转化生成为具体可感、形象生动的情感信息。通过播音主持创作者饱含情感的有声语言和副语言传达给受众，使受众在接受信息的同时受到鼓舞和激励，把正确的主张变为千百万人的自觉行动。

3. 规范美化语言，建设语言文明，具有语言表达的审美示范作用

好的播音主持，以事醒人、以理服人、以情感人，使人在潜移默化中受到启发。不好的播音主持，使人听不清语义和含义，使本来很好、水平很高的稿件、节目也黯然失色，或造成歧义、反义甚至误解。播音主持是推广普通话的重要阵地，播音员与主持人肩负着推广普通话的重要责任。语言的统一、规范，对于一个民族和国家的稳定和发展极为重要。因此，在全国范围内推广普通话意义十分重大。由于广播电视特殊的传播作用，播音员与主持人常被广大人民群众看作是普通话教师。因此具有较深的语言功力、较强的语言能力、较高的语言魅力等优秀的语言表达能力，能够体现出汉语普通话在传播中的美。广播电台、电视台播音员、节目主持人的语言面貌，对全社会来说具有无法比拟而又不可替代的标志作用、示范作用、导向作用、规范作用、传播作用和审美作用。因此，坚持在各类节目中说标准的普通话，不说方言、土语，并做到自觉抵御各种语言糟粕的侵袭，就成为对所有普通话播音主持工作者的必然要求。

随着播音主持创作内涵的不断丰富，人们认识的不断深入，播音主持对于社会的政治生活、经济发展、科技进步、文化积淀等方面直接或间接的作用会越来越显著。

二、播音与主持的语言

广播电视播音是一种通过传播媒介进行的有声语言创作。从有声这一角度观察，它区

别于生活语言、戏剧语言、曲艺语言,具有自身的特点。这些特点以广播电视的性质、任务为根本,以国情为土壤,以民族文化为背景,以历史经验和传播规律为源泉,以提高语言的质量为目的。这一特点既涵盖了广播播音的以声传情、声情并茂,又涵盖了电视播音的声画和谐、形神兼备。

(一) 播音与主持的语言特点

1. 规范性

播音主持语言的规范性,主要是指语音(声、韵、调)、词汇、语法、语调、语流,都要符合普通话的要求,遵从普通话的规范。

广播电视播音,不论节目内容和形式如何丰富多样,不论播音员、主持人有怎样的表达习惯、表达特色和风格,都应该坚持规范性。

社会主义物质文明的建设、经济建设、商品流通、国际交往,也强烈要求、迫切期望在更大的范围、更高的层次上,以更快的速度推进语言文字的规范化。面对这一形势,播音语言的规范性就更显得必要和重要了,任何轻视、忽视甚至歧视播音语言规范性的看法和做法,都是完全错误的。把播音与主持语言的规范性认作是呆板的代名词,把规范性同艺术性对立起来,把规范性当成不自然、不生活的同义语,显然是一种幼稚的、需要进行教育加以纠正的偏见。

坚持播音与主持语言的规范性,才有利于在更多的受众中日积月累、潜移默化地展现普通话的全貌,形成普通话的氛围,造就普通话的声誉,崇尚讲普通话有益、有效,讲普通话光荣的社会风尚。

2. 庄重性

庄重性,是指播音员、主持人在使用有声语言表情达意的时候,即在话筒前进行播音创作的时候,必须保持端庄、郑重的气质和态度,在语流中充满庄重、可信的意味,"庄重而不呆板,活泼而不轻浮"。播音语言的庄重性,源于有声语言的真实性。这种真实,是反映客观现实与主观评价的真实,而非艺术夸张、渲染的真实。这种真实,是"已有的事实"而非"会有的事实"。

对此,不能理解为装腔作势、故作深沉、不苟言笑、虚与委蛇。但是,庄重性可以"寓庄于谐",可以谈笑风生。而这同玩世不恭、插科打诨、哗众取宠、打情骂俏是水火不相容的。

庄重性的核心是严肃认真、一丝不苟,是强烈的事业心和高度的责任感,是新闻工作者高尚的职业道德。

庄重性的表现是"善言"而非"轻言"。所谓"一言既出，驷马难追"，就是说开口说话之前要慎重，说话过程要稳重，尽量不要失言，尽力使受众接受、相信、愉悦。因此，对庄重性的否定，必然导致"语无伦次""油腔滑调"。

3. 鼓动性

广播电视要鼓舞和教育人民，引人向上、催人奋进。播音与主持语言的鼓动性，指的就是植根于语言的情感性和感染力。情感有多种多层的差异，感染有强弱快慢的不同，却从没有人主张语言可以没有情感，不要感染。大体上，播音与主持语言的发出一定基于一种目的，一种愿望。尽管事实上存在，却也从没有人主张以让人消沉为目的，以不想说什么为愿望。要让人知道说话人愿意说，说出的话让人产生共鸣，让人积极、让人振奋，这恐怕是最一般的常识了，播音与主持也不例外。

当然，不应简单理解这一鼓动性，以为呼个台号，叫一声"各位听众"或"各位观众"就会使人激动得落泪；或播完一个节目、一个话题就令人"茅塞顿开""斗志倍增"。鼓动性，是就广播电视播音主持语言的整体作用说的，是一种综合性的价值取向，是一种语言传播过程中的内在律动，是"改造自然，改造社会，也改造人自身"的积极入世的人生哲学和传播者作为"良师益友"的社会责任在有声语言中的流露。

4. 时代感

时代感，是一种时代精神和时代氛围的心理把握。当前，时代精神是指"爱国主义、社会主义、集体主义"。时代氛围是说"精神文明建设必须紧紧围绕经济建设这个中心，为经济建设和改革开放提供强大的精神动力和智力支持"。不认真把握时代精神的内涵，不真正感受时代精神的活力，就不可能在播音语言中"击中时代的弦"，体现时代的脉搏，跟上时代的节奏，从而高扬主旋律，发展多样化。

播音与主持语言的时代感，要求播音创作主体强化时代意识，并在有声语言中激荡着时代气息，回响着时代的脚步声，发出时代的最强音。在弘扬民族优秀文化时，却不发"思古之幽情"；在借鉴国外先进的精神财富时，却不见"奴颜与媚骨"。

丰富多彩的时代，要求丰富多彩的语言去反映。播音语言的内容与形式只有走多样化的路，才能完成这一使命。在我们的播音语言中，必须加大思想的厚度与表现的力度。我们要努力做到新鲜、活泼、舒展、跳脱，表意则意明，传情则情切。

5. 分寸感

面对纷繁复杂的人物及其关系，在反映和讲述他们的时候，有主次，有轻重，有缓急,并在有序的、动态的传播中,显示各自的价值,这些比较中的存在,必须用相应的、贴切的有声语言给予鲜明、适当的表现。任何稿件,任何话题,从句到段到篇,几乎都存在分寸感的把握问题。

首先是内容的主次。主要的内容、重点的语句,都要予以突出;次要的内容、非重点的语句,都要予以削弱。其次是感情的浓淡。感情起伏变化,"浓墨重彩"与"轻描淡写",在不同的色彩中,"淡妆浓抹总相宜"。再次是态度的差异。肯定与否定、赞扬与批评、歌颂与贬斥……各自都有不同态度支配下的不同程度。这程度落实到语言上,就是分寸。同样一句话,大体上可以有"重度""中度""轻度"的区别。最后还有有声语言的发出者的独特感受、表达习惯、话筒前状态……也会表现出某种分寸。

可以说,分寸感是有声语言的构成部分,无处不在。成功的播音创作十分注意分寸感的把握,努力避免"过犹不及"的失当处理。由于语言素质方面的问题,特别是文化背景中的某些欠缺,使有声语言的分寸感尚未深入人心,更没有变成人们语感与听辨能力的要素,所以对分寸感的认识与应用尚需较长的时间,不应急于求成。目前,主要是"分寸不当"的问题,特别是重度失重,什么话均"无足轻重"。如果要表达,只是简单地加重声音,显得笨拙。还是要在语言功力上花力气,否则便会出现心有余而力不足的情况。

环境和背景的不同或变换,对语言表达的分寸把握也有着直接的影响和制约。它涉及对语言表达感情态度的把握、声音语气的控制、语句词汇的选择。表达者只有树立语言环境意识,才能从整体上有分寸地、恰如其分地驾驭有声语言的传播。

6. 亲切感

在人际关系上,"疏远"是不容易沟通的,而"亲昵"又会造成某种逆反心理。只有"亲切"才会使交际双方融洽无间。

在广播电视传播中,传者与受传者的关系应是知心朋友的关系,既不是"陌生人",也不是"私语者"。所谓知心朋友,当然互相了解,彼此知道对方的思想感情,或挚友,或诤友,经常产生共鸣。于是,不论谈什么内容,都有共同语言;不论高谈阔论还是轻声细语,都感到息息相通。

播音与主持语言的亲切感,从内容上说,要适应新鲜、易懂、可信、情真的受众期待心理。从表达上说,要张弛得体,控纵有节。那种认为只有"近话筒、一对一、快节奏"才能产生亲切感的观点,不过是某种形式的追求,容易造成机械的、单一的、雷同化的声音效果,不利"内容决定形式,形式反作用于内容"的能动的、多样的表达。

播音与主持语言的亲切感,必须像我们所一贯主张的那样,坚持传者与受传者"平等"的关系,才可以产生。这是"知心朋友"的一个准则,它制约着播音与主持创作主体的传播心态，在播音与主持语言中充满了尊重、体贴、通达、友善，既不高高在上、颐指气使，又不唯唯诺诺、乞求怜悯。但是，道理上都知道平等，语言上却不一定能表达出来。如：语言傲慢、语气生硬，或缺乏礼貌、出言不逊，或低声下气、吞吞吐吐，或胡乱吹捧、邀众取宠。这种不平等的关系，实在令人不忍卒听。电视上的"笑眯眯""甜腻腻"，更会使观众不敢恭维。

播音亲切感是"言之有物"与"心中有人"的结合。我们的目的是创造一种良好的接受心理环境和氛围，使听众、观众敞开心扉，了解语言内容，达到信息共享。如果一味追求亲切，而忽略了内容的准确表达，这就无异于舍本逐末了，这时的亲切还有什么存在的价值呢？

（二）"三性""三感"的关系

以上所述播音与主持语言特点，简称"三性""三感"。它们彼此之间并不是割裂的。它们之间具体的关系及其内在联系如下。

首先，它们是具体的。每一个特点都有具体的含义，不应混淆，不应泛化。规范性是指语言规范，清晰顺畅；庄重性是指真实可信，落落大方；鼓动性是指情真意挚、爱憎分明；时代感是指胸襟开阔，新鲜跳脱；分寸感是指准确恰当，不瘟不火；亲切感是指恳切谦和，息息相通。这六个特点是各有侧重的，它们各自担负着自身的职责，起着各自的作用。没有一个特点是包罗万象的，也不可能以一个特点取代另一个特点。

其次，它们是立体的。播音主持语言涉及各个方面，有主体的、客体的，主观的、客观的，也有宏观的、微观的。在不同的方位、不同的视角、不同的层面上形成了某种网络，笼罩着、规范着播音与主持语言的个性天地。正因为如此，六个特点互相联系，不可分离，不宜肢解。它们的核心是广播电视播音主持的语言魅力。它们的目的是"以事醒人、以情感人、以理服人"。它们的存在，没有"高低贵贱"之分，没有"厚此薄彼"之争。它们齐心合力，分工合作，共同维护着、保证着播音主持语言的健康和有序。

最后，它们是基础的。从播音主持创作来说，既有理论基础，又有美学理论。这六个特点，主要是基础的，有两层含义：一是凡是播音主持语言，都应具备，概莫能外。否则，只能说明基础未打好，基础不牢固。二是作为基础，就必然有"上层建筑"。在这个基础之上，从这个基础出发，才可以显示无限的生机与活力。对这个基础提出非基础性要求是不妥当的。

"三性""三感"互相之间的关系如上所述，可以用"具体""立体""整体""基础"来概括。"三性""三感"既然是播音主持语言的特点，那么，在用气发声、吐字归音、创作道路、理解感受、诸种技巧、表达规律、文体业务、节目成品、声像形象各个方面都有其明显的特征。如果把播音主持语言的特点从整个播音主持理论的体系中分离开，做静态、孤立的考察，那是一种形而上学的方法，为有识者所不取。

播音主持语言特点，作为一种基础性的"标准"来评判播音主持语言的是非高下也未尝不可。不过，跟任何文化现象的评判标准一样，是很难量化的，特别是"口耳之学"，既不能用仪器仪表测量，也不能用多数附议表决。这个标准，基本上是一种"主观评价"，即用"人"的审美感受、美学理想去把握。而这，诉诸文字后，会损耗、遗失掉许多东西，远不如用有声语言去鉴别、去表达，来得明确、可感。

作为基础性评判标准，不能不考察内容、形式及二者之间的关系。离开语言内容、语境，离开语言形式、传播，离开节目整体、语言内容和形式的统一，特别是离开"有声语言"，这个"标准"或被架空，失去实践意义，或被扭曲，变得支离破碎。因此，必须从传播效果去考察。如果仅从传播过程的中途——词语组合上、语义形成上，甚至文字稿件上去考察，就混同于报刊编辑、校对了。实质上，便把"有声语言"的创作降低了、抛弃了。有声语言的功能包含着使文字语言"增色""减色"和"改向"诸方面。"增色"和"减色"易于理解，"改向"的功能往往被忽略。同样一句话，可以按文字表面意思表达，也可以改变方向，按与文字表面相反的意思表达。这种情况，不管有意无意，在实践中屡屡发生。在这一点上，我们某些电台、电视台的主管、主编、"把关人"，以及一些理论研究工作者似乎还不大了解，于是才有"播音只是照稿念"等认识；于是才有"有什么文字语言就有什么有声语言""文字语言怎样，有声语言就会怎样"等观点。照这样的认识、这样的观点"领导""指导"广播电视播音主持，怎能理解、应用这一评判标准去考察和推动播音主持质量呢？因此，如何以播音主持语言的六个特点对播音主持质量进行基础性判断，是要有共识的，不能"只见树木，不见森林"；不能南辕北辙。这共识，正是对"三性""三感"及其相互关系的认识与把握。

不论广播电视如何发展、怎样改革，认识和把握"三性""三感"，对于提高节目质量、播音主持质量，都是有积极的、能动的、广泛的、可感的促进作用的。以"三性""三感"为基础，播音主持语言必将在中国大地上不断得到丰富，并将日臻完美。

第二节 播音主持的正确创作道路及创作特征

一、正确创作道路

播音是一项语言创作活动,但它不仅仅是个语言问题。播音是创作主体(广播、电视播音员、节目主持人)站在一定立场上,以一定的世界观为指导,对社会生活进行观察、体验、分析、综合,以及加工提炼,经过艺术构思,最终以有声语言加以表现的创造性劳动。

播音能否遵循正确的创作道路,是每一位播音创作者面对的基本问题,也是每一次播音创作都必然要经历的实际问题,因此也成为播音创作基础理论中首先要明确的重要命题,并且是播音实践中不能须臾离开的创作指导思想。

(一)正确创作道路的重要性

一个好的播音员、节目主持人应该有很强的语言驾驭能力,做到一专多能。与节目和谐统一的播音,是有声语言的创作活动。无论是新闻播音,还是汲取了朗诵等艺术语言营养的艺术专题片解说,还是主持人节目播音,都是经过加工的语言创作。可以肯定地说,播音不是盲目的、随意的言语活动,也不是以表演为特征的言语活动,更不是仅仅指向主体自身的、自我封闭的言语活动。播音创作的性质有明确归属、有特定目的、有具体的依据和传播指向,还受与播音创作紧密相关的其他因素的制约。总之一句话,播音创作有自身固有的客观规律。对于播音创作客观规律的认识,构成播音创作道路的质的规定性。正确的播音创作道路,则反映播音创作活动的本质与内在联系,规定着实践活动的"模式"和方案。因此,创作主体如果不了解,或者忽视播音的正确创作道路,违背其中的客观规律,就会影响播音创作的水平,甚至导致播音创作的失败。

从总体上看,任何节目的播音都是从不同的层面、不同的角度来反映社会现实生活的。那么,就存在着一个以什么样的观点去反映、用什么样的态度去反映,以及为了什么目的去反映的问题。这可以说是个创作原则、创作态度的问题。创作原则,即创作的出发点、立足点的问题,是任何一位播音创作主体都不可避免得了的。

再从播音创作过程、创作形式和手段看,不论播音样式和风格有什么样的变化,都可以找到其中的共性,亦即播音创作的规定性。这是由播音工作的性质和任务决定的,也是由广播电视传播特点所制约的。创作主体对此要有清醒的认识和比较透彻的了解，并贯穿到每一次播音创作中，以其共性规律指导自己的播音创作。只有遵循播音创作的特定规律，才能提高工作效率，保证工作质量，使我们的播音创作活动与其本身的客观规律趋于一致。

正确的播音创作道路，不只是个认识问题，也不仅仅是个理论问题，更重要的是它的实践意义，而且它的产生，正是在几代播音员丰富的实践中，经过正反两方面的经验教训摸索总结出来的。实践证明，坚持正确的创作道路，是播音创作的前提，是提高播音质量的重要保证，是广播电视传播的需要，也是广大受众的需要。能否坚持正确的创作道路，对于学习播音以及播音创作实践，都有着直接和深远的影响，是每一位播音从业人员都要遇到，同时必须予以重视的问题。

坚持正确的播音创作道路，就是要求播音创作主体从思想上认识其重要性，从理论上了解其含义，在实践中认真地身体力行，同时及时了解社会和受众反馈、注重社会效果的检验。唯其如此，才能从主观动机和客观效果的结合上，从理论和实践的结合上，解决这一播音创作中根本性的问题，创作出为广大受众所"喜闻乐听"的播音佳作来。

（二）正确创作道路的规定性

播音的正确创作道路，可以这样表述：站在无产阶级的党性和党的政策的立场上，以新闻工作者特有的敏感，把握国内外形势的发展变化和人民群众的思想实际，准确及时地、高效率高质量地完成"理解稿件—具体感受—形之于声—及于受众"的过程；以积极自如的话筒前状态进行有声语言的创造，达到恰切的思想感情与尽可能完美的语言技巧的统一，达到体裁风格与声音形式的统一，准确、鲜明、生动地传达出稿件的精神实质，发挥广播电视教育和鼓舞广大人民群众的作用。

正确创作道路包含了丰富的内容：播音创作的原则、播音创作的源泉、播音创作的新闻属性、播音创作的自身特点、播音创作的标准和任务。它立足于播音创作自身的特点，着眼于播音创作的大环境，较为全面而深刻地反映了播音创作的质的规定性。

1. 播音创作的党性原则

我国广播电视的性质，是中国共产党领导的社会主义性质的广播电视。其宗旨是为人民服务，为社会主义服务。播音工作是广播电视传播中直接"面对"听众、观众的中介，毫无疑问要遵循新闻工作、广播电视工作的党性原则。因此，播音创作主体必须站在党性和党的政策立场上，在政治上完全同党中央保持一致，宣传党的纲领、路线、方针、政策；在思想上坚持党的理论基础和思想体系；在组织上服从党的领导，遵守党的宣传纪律。这个创作原则容不得半点犹豫和疏忽，它应该成为每一位播音员、主持人在每一次播音创作中自觉坚持的立场。

如果把播音创作当作提高知名度、炫耀播音技巧、捞取私人名利的机会，那就大错特错了。带着这样的动机播音，是违背播音工作性质的，其播音不仅不会成功，还会在广大受众中造成不良的印象，影响传播效果。

坚持党性立场的这一创作原则，对于播音创作的特殊意义还在于：播音创作一般都在时间紧迫的情况下，主要由个体完成并直接向大众传播，所以，就特别要强调遵循播音创作党性原则的自觉性和一贯性，只有坚持这一创作的出发点，才能使播音创作经得起社会效果的检验。

2. 播音创作的源泉

生活是创作的源泉，同样也是播音创作的源泉。播音创作任何时候都不可能离开火热的社会生活。播音创作需要时代精神的熏陶，需要在生活中汲取营养。熟悉生活与时代精神融为一体，有两条途径：一条途径是指播音创作主体要努力深入实际，要熟知国内外形势的发展变化，要真切了解人民群众的意愿，并时时以新闻工作者的敏感，把握时代氛围、时代精神的实质，想人民群众之所想，急人民群众之所急，爱人民群众之所爱，与人民群众息息相通。因为以这样的思想感情浇灌和浸透自己的心灵，才能忠实地在播音创作中表现时代特点，反映人民群众的喜怒哀乐。另一条途径，即通过间接经验来熟知现实，这对播音员有着特殊的意义。因为工作体制和分工的不同，播音员（包括主持人）深入基层的机会毕竟不如记者多。他们主要是从记者编辑加工的第二手材料中了解形势的发展。这种现实工作状况，可能产生两种截然不同的结果：责任感强、新闻敏感性强的播音员，结合自己的直接经验，自己对生活的观察和思考，能够快捷、便利地尝到"秀才不出门，便知天下事"的甜头，从而使自己的思想感情总是和着时代的脉搏一起跳动。而脱离生活实际，"躲进小楼成一统"，面对大世界的种种信息就会生出不以为然的冷漠态度，并殃及播音创作的感情态度，与时代、生活、群众形成隔阂状态。显然，后者与党的新闻工作的素质要求是格格不入的。

另外，播音创作的声音形式要符合时代特征。言语风格必须符合时代氛围，符合受众的接受心理、欣赏倾向。时代前进了，倘若播音创作的风格仍滞留在过去的时代，相对稳定的语言定势若不及时随着客观传播大环境的变化，做出控制、调节，就不可能为受众所乐于接受。因此，播音创作者要主动顺应时代潮流的大趋势，积极做出相应的调节变化。

3. 播音创作的新闻属性特征

首先我们强调播音员作为新闻工作者的工作性质。这一点之所以必须着重指出，是因为播音工作是广播电视传播中直接诉诸广大听众、观众视听的最后一环。新闻又是广播电视传播的主体，不具备播音工作者的素质，缺乏新闻工作者的修养，就做不好播音主持工作。同时，我们看到，当前有一种带有倾向性的现象，那就是有的播音员、主持人，特别是年轻的播音员、主持人，往往轻视，甚至忽视播音的新闻工作性质，却更多地关注于语言艺术方面的性质，有意无意地追求表演艺术的创作道路。有些初学者，甚至热衷播音工作戏剧化、播音员演员化。这同新闻工作的性质是大相径庭的，这同我们向其他语言艺术学习、借鉴的本意也是背道而驰的。

准确及时、高效率、高质量也是对新闻工作十分重要的要求，这也是播音员、主持人应该努力达到的。如果备稿十分吃力，录音时一句一停机，直播时错漏、结巴连篇，那是完全不符合这个要求的，说明离正确创作道路的掌握还有很大的差距。

还有一点需要说明：我们这里说的"稿件"，有比较广泛的含义。既指别人写的稿子，也指自己写的稿子；既指形成文字的"文稿"，也指并不形成文字的"腹稿"。如新闻、专题节目的播音；口头报道、现场直播的播音；主持人、文艺体育解说的播音……

4. 播音创作的自身特点

播音创作要"从文章的内容和形式出发"，即从稿件的整体出发。但这个问题并未引起足够的重视，反而抽掉了"形式"，致使"从内容出发"成了我们长期以来代代相传的原则。似乎它是一把万能钥匙，可以打开一切稿件表达的大门。现在，我们必须重新评估这个原则的内涵、作用和价值。我们不会否定它，因为它不能不是一个原则。但是，我们认为它不够严密，不够科学。需要注意的是，"内容"只包括稿件叙述、描写、报道、论证、介绍、欣赏的客观事物，而不包括稿件所采取的形式，即体裁。为什么有的播音员播消息像播通讯，播通讯像播小说呢？他也认为自己是"从内容出发了"啊。恐怕对体裁的忽视不能不是一个原因。不重视稿件的体裁，以不变应万变，会使创作道路鱼龙混杂。这个简单的事实也可以使我们清醒地认识到，"从内容出发"至少是不够全面的。

此外，还有一个理解和感受的关系问题。"理解"指的是弄懂稿件的含义，"感受"指的是体味稿件的情理，二者总是相辅相成、互相促进的。但是，从播音创作的实际和特点去考察在前，对稿件情理的感受总是在后，而这一前一后并不截然分开、截然隔断。主张"从感受入手"的同志，也必然是在理解之中的感受，不可能先感受，然后再理解。因此"理解稿件—具体感受—形之于声—及于受众"的过程，而不把"具体感受"放在前面，就是这个原因。但是，不能把它简单地、表面地看作四个阶段，特别是前二者，更要融为一体，可以解析为"边理解、边感受"。但这种解释必须给予正确的说明，即一要在理解基础上感受；二要在感受中继续加深理解；三要多次反复进行，不能"一次完成"。

5. 播音创作的标准

达到恰切的思想感情与尽可能完美的语言技巧的统一，达到体裁风格与声音形式的统一，就是播音创作的标准。

（1）明确思想感情与语言技巧的关系

思想感情与语言技巧紧密相关，统一于播音创作之中。在这个统一体中，语言技巧有其独立性，而思想感情又是语言技巧的主导，二者互相牵动、互相影响，缺一不可。

首先，播音创作的艺术属性，直接对语言技巧提出了要求。恰切的思想感情，要靠播音创作主体来构思，这是运用语言技巧的内心依据；尽可能完美的语言技巧要靠播音创作主体来构思，这是恰切的思想感情的具体体现。但是，二者之间并没有必然的联系，不是恰切的思想感情必定引出尽可能完美的语言技巧，"心里有"便不一定"嘴上能"。恰切的思想感情和尽可能完美的语言技巧这二者之间的联结统一，正是播音者创作的集中表现。以为只要感情调动起来就有了一切的想法，以为卖弄技巧就可以感动人的想法，都是错误的。技巧，是艺术创作的要求。如果只是感情的个人宣泄，完全不需要讲技巧，因为这是纯粹的个人心理活动。而播音是传播活动，为了使受众接受，为了达到传播目的，必须考虑传播效果。因此，要讲究语言表达技巧。讲究播音的语言表达技巧，是传播的表现性、艺术性的要求。

其次，我们在承认和重视技巧的独立性的同时，一定要坚持以思想感情为技巧运用的主导这个观点。那些卖弄技巧的做法，也许可以迷惑人于一时，但没有真情实感作根基，没有理性思维的指导、控制，难免不在"花里胡哨"的技巧中，暴露出内心的苍白和浅陋。可见，"唯情论"或"唯技巧论"都不符合播音的正确创作道路。这里需要的是"心口相应"。

（2）处理好声音形式与节目内容、形式的关系

由于播音创作的内容和形式丰富多样，仅就形式而言，从稿件体裁看，新闻、通讯、评论、文艺节目的解说、介绍，主持人节目夹叙夹议的谈话体等，各有语体上的特色；从广播电视节目传播手段看，广播几乎全部靠播音者的有声语言，电视则有画面、音乐、同期声等因素与播音者的有声语言共同完成创作。而各类节目、各次节目又都有自己独特的语言风格。所有这些因素，都要求播音创作与之相适应、相配合，使节目完整和谐、交相辉映，而绝不可以一成不变的声音形式，去应付千变万化的节目的内容、体裁及不同的风格。也就是说，一方面播音创作要考虑节目其他组成因素对播音的制约要求；另一方面播音创作主体要掌握多种形态的语言样式，要增强语言的适应能力。

只有这样，才能圆满完成不同节目、不同风格、不同传播方式的播音创作任务。如果

只是擅长播新闻，却播不好通讯；只是会"宣读"，却不会"谈话"；只能"气贯长虹"，而不能"娓娓道来"……抑或只能"复述""背台词"，而不善"随机应变""出口成章"；只会"聊天"，不能"评论"；等等。总之，单一的语言样式、单调的声音形式、浅薄的语言能力，是难以达到播音创作标准，胜任播音或节目主持的。

（三）正确创作道路的实践性

播音创作道路，既是理论问题，也是个实践问题。我们明确了播音创作道路的重要性和规定性，并不是为了把它"束之高阁"，而是要付诸实践，用来指导播音创作活动。因为思想上重视了，理论上明确了，并不等于就一定能遵循正确的创作道路了。由于创作道路与播音者的世界观、责任感、生活阅历、文化艺术素养、语言基本功及美学追求等有直接的关系，加上种种主客观原因，在创作道路上，可能会出现某些偏差或误区，因此，必须强调播音创作道路的实践性，自觉地在实践中持之以恒，并在反复实践中不断检验、修正和巩固。

1. 播音正确创作道路的形成、坚持和发展，离不开实践

播音正确创作道路的形成，来自实践，是广大播音同人在实际工作中，对播音创作的客观规律的总结和共识。无论是个体还是群体，也不论是学习阶段还是在实际播音创作中，只要遵循正确的创作道路，播音水平就会提高，就能稳步前进。而播音失败的根本原因，往往能从播音创作道路上找到。

正确的播音创作道路的坚持，只有在实践中才能体现。实践是检验是否遵循了正确创作道路的唯一标准。从工作态度、工作过程，尤其从播音作品中，都可以观察和检验出创作道路是否正确，从而坚持正确的、修正偏差的，使播音创作始终沿着正确的方向前进。

总之，播音创作不是个人任意的活动，是受一定思想支配、为实现一定目的的能动的社会实践活动。正确的创作道路，便是播音创作的指导思想，只要在播音实践和学习过程中自觉地遵循，并坚持下去，成效自见。

2. 实践中要注意纠偏

在播音学习或创作中，在播音创作道路方面走过一段弯路，或出现一时的偏差，这些情况并不少见。仔细分析一下，有意违背正确的创作原则，以自我表现为目的，尚属少数。不注意从生活中汲取营养，与时代处于脱节状态的，当然亟待提高认识。而新闻素养及语言功力，则更需要坚持不懈地执着追求。在创作道路上出现偏差，更多的是出于"急于求成"的善良愿望，这也是导致顾此失彼、不得要领的原因。

模仿，无疑是一种学习方法。在播音基本功的初学阶段，模仿尤其重要。气息如何运动，口腔怎样控制，语音如何正确优美地发出，以及重音的强调方法、停顿或连接的处理等，都是从感性的、直观的对象模仿中学的，并逐渐悟出其中带有规律性的东西。实际上，在追求播音技巧日臻完善的高水平的过程中，仍存在模仿、借鉴的学习方法，只不过层次更高些罢了。毋庸讳言，模仿是一种方法，特别是对于技能性的实践活动，常常是一种重要的学习方法，只不过有的表现为某些细节、局部的刻意追求；有的表现为整体感觉的潜移默化、耳濡目染罢了。但是，模仿毕竟不是创作，是不能与创作画等号的。

在播音创作的实践中，常有人因为模仿不当，步入"误区"。究其原因，主要有二：一是误把模仿当作创作的目标，以为在某方面一旦"像"自己心中认定的播音偶像，播音创作就算成功了。于是渐渐脱离节目的内容和形式的要求，用某种固定的声音形式播音，无形中在创作出发点上犯了本末倒置的毛病，因而不能获得创作的成功也就理所当然了。二是不去模仿学习具有普遍意义的、反映创作规律的精华，而是模仿音色、吐字习惯等"外壳""皮毛"上的个性。声音外壳方面的个性，与人的发声器官的生理构造有极大关系。违背自己生理条件的一味模仿，不仅束缚了创作的手脚，丢掉了自己的个性，还可能带来发声器官的病变。何况有些声音外壳上的个性，是"偶像"化腐朽为神奇的结果，别人去模仿反倒可能成了"痈疽"。所以，模仿也要有清醒的头脑，透过现象看本质。某人的声音好，某人的语言洒脱、有韵味等，既要体味其在声音形式上表现出来的特征，更要探寻其由内到外引发的"酵母"是什么。这才可能深谙个中滋味，汲取精华，为我所用，不断丰富自己，创作出更多更好的播音作品来。

播音的正确创作道路，对播音创作具有"导向"的意义，对每一次播音创作，以至于对整个播音生涯都具有"导向"意义。播音的正确创作道路所包含的内容，在相当长的一段历史时期内具有明显的稳定性。我们一方面要自觉地按照创作道路的要求从事播音创作，另一方面还要经常检验判断自己遵循正确创作道路的情况。总之，在播音创作中，播音的各个创作元素之间，播音与其他相关创作因素之间，都存在着相互联结、相互影响、相互制约、相互促进的有机联系。只要我们在实践中，在遵循正确播音创作道路的过程中，注意其总体的指导意义，又能在局部的内容上把握其中的辩证关系，那么，正确的播音创作道路，就能把播音创作引向为社会主义建设所需要，为广大受众所喜爱的理想境界。

二、播音创作特征

播音是有声语言传播的新闻实践活动，是语言艺术的创造活动。这种传播与创造，同其他形式的语言传播和艺术创造相比，带有其独特的个性和品格。

（一）媒介的音声性和语音的规范性

播音员、主持人的有声语言和副语言是广播电视节目传播的重要媒介，所以音声性是播音创作最为重要的特征之一。有声语言的传播与文字传播相比有其长处也有其局限。其局限在于都是按照时间顺序进行的，稍纵即逝，不像报纸文字，诉诸视觉，可重复阅读，可停下来思考。有声语言的长处是：诉诸听觉，更加可感，更具表态性、表情性。电视播音加上图像的因素，让副语言辅助有声语言共同完成传播的目的，使传播增强了亲近性和可感性，更利于受众理解和接受。播音创作虽具有音像的传播手段，但较之日常生活中言语交际活动，其手段还是显得局限和单一。日常生活中，人们言语活动传递信息的手段是多渠道的、立体的、丰富的。播音创作中，在电台播音的播音员，只能用声音这一唯一的手段；电视播音员、主持人，虽有一定的副语言帮忙，但也大多是半身图像，体态语也不能充分展示而且也是有限的。这种手段的单一和局限，又为播音创作提出了更高的要求，也使其特点更为明显。

与其他语言艺术相比，播音有声语言在语音上必须具有普通话标准的规范性。话剧、曲艺、朗诵等有声语言艺术在语言上有可能会允许有一定的语音不纯，有的出于角色的需要，还要说一些方言，而播音、主持却不行。播音有声语言既要在语音的声、韵、调、轻重格式、语流音变等方面坚持普通话语音的标准和规范，又要在语言表达方面做到规范与严整。播音员、主持人不仅播音时要说标准的普通话，生活中也应该养成说标准的普通话的习惯。有的播音员、主持人播音时说普通话，生活中说方言，结果也影响了播音时普通话的标准和规范，这是需要引起注意的。另外，播音与主持语言，要通过话筒，经过无线电波等电子传媒系统传送出去，要求其声音必须集中，字音准确清晰。只有这样，播音员与主持人声音才能在信号压缩或放大时不走样。

当今，流行着两种倾向：一种是有的播音员、主持人播音和主持节目模仿港台腔，认为这是"亲切""自然"。另一种倾向是，有的人认为，播音主持主要是传达信息，语音不太规范关系不大。这些认识和做法都是不可取的。现如今，电子传媒覆盖面广，其传播具有广泛的社会性。无形中，播音员、主持人又是听众与观众的语音老师。人民群众习惯上把广播、电视播音员、主持人的语音当作标准语音来对待、来学习。播音员、主持人的语音对于全社会的语音面貌会产生很大的影响，在引导社会语言方面有着无法替代的标志作用、示范作用、导向作用、规范作用、传播作用和审美作用。所以要求播音语言必须规范，其语音、词汇、修辞和语法等都必须严格遵守普通话所规定的标准。它比话剧、电影等表演艺术语言的规范性要求更高。

（二）内容的真实性和表达的诚挚性

广播电视中由播音员、主持人的有声语言表达的内容从整体上看具有真实性的特征。这与话剧、评书、相声和朗诵等语言艺术有本质的不同。话剧等语言艺术所表现的内容是艺术性的。文艺性作品反映生活的真实是艺术的真实，它是艺术家运用典型化、夸张化的艺术手法对生活艺术的反映。而播音所表达的内容主要是新闻性的，是社会中的真人真事，没有任何虚构和夸张。播音员、主持人除了播新闻节目也播知识性节目，这些内容更是科学的、真实的。而文艺性节目的播出，播音员、主持人所担负的任务主要是节目内容和文艺知识方面的介绍，以及文艺节目的串联、串场和文艺评论等，这与文艺表演、演播角色化的处理也不同。因此，从表达内容的整体看，播音语言艺术所表现的内容是真人真事，是社会中的新闻人物和新发生的事件。

播音创作内容的真实性，决定了表达的诚挚性，即诚恳、真挚、质朴、亲切。播音语言表达既不能像朗诵艺术那样夸张、渲染，也不能像戏剧、曲艺那样进行角色化的扮演，更不是"无角色""非角色"表演。播音表达必须是建立在对内容有"真情实感"的基础上的诚挚的表达。它既要情动于衷、有感而发，又要诚恳真挚，还要亲切、质朴、分寸恰当。它是"言之有物"与"心中有人"的结合和"宣传员的观念"与"服务员的意识"的结合在播音中的体现。

（三）手段的单一性和交流的间接性

从创作手段和表现方式看，话剧演员创作的手段主要是台词和形体动作，此外还有服装、灯光、布景、道具、音乐等辅助手段；评书、相声、朗诵等演员的创作除了有声语言以外，也还有面部表情、眼神、手势和其他神态动作等辅助表演。而播音员、主持人只有有声语言。即使是电视播音员、主持人有面部表情、眼神等的介入，但也是有限的，有声语言仍是其主要的表达。从创作环境和交流状态来看，其他语言艺术大都在舞台上表演，面对观众直接交流，这样可以随时得到反馈，以调整自己的表达。而播音员、主持人的播音一般在相对封闭的播音室，不直接面对受众，播音员、主持人为了获得生动的表达效果，更多的只能面对话筒或摄像机，与想象中的听众、观众进行交流。这种交流具有间接的性质。即使在直播现场，对场内属直接，对场外的广大受众仍是间接；热线电话、谈话双方是直接，而对其他受众也仍然是间接。因此，要求播音员、主持人具有较强的运用有声语言表情达意的能力和运用对象感等心理技巧与听众、观众交流的能力。

(四) 传播的转述性和过程的时效性

从创作的身份和创作心理看，话剧演员是以扮演的角色身份出现在舞台上，说唱演员、朗诵者也是以表演者的个人身份出现，而播音员、主持人则是以宣传员和听众、观众的知心朋友的身份出现，是面对受众传播消息，或介绍知识，或与受众谈心，等等。即使是以第一人称"个人身份"出现的节目主持人，他也是代表电台、电视台的节目创制集体，表达的也是编辑部的意图和目的，而不是个体角色化的表演。因此，从总体上看，播音有声语言艺术的传播表达方式具有转述性的特征。

从创作的准备过程和时间来看，由新闻传播的时效性、广播电视等现代化电子传媒的迅速性所决定，播音创作的时间是紧张的。播音员、主持人不可能像话剧演员、电影演员那样，对原作有一个反复准备的过程。播音创作者在播音时，尤其是新闻报道、现场直播、实况转播等，有时连看一遍稿子的时间都没有，有时还要即兴评述。随着信息化社会人类整个生活节奏的迅速加快，时效性要求也越来越高。所以，播音创作时间的紧张性也越来越明显。这就要求播音创作者必须增强广义的备稿能力，提高即兴表达能力、应变能力和把握全局的能力，加强日常基本功训练，包括思想、文化、业务等方面素质的提高，以胜任播音创作活动。

(五) 受众的开放性和接受的个体性

播音创作的主体是播音员、节目主持人，受众是播音创作的受体和服务对象。广播、电视的受众具有社会开放性的特点，这也是播音创作与其他语言艺术的不同之处。广播电视传播技术的飞速发展，使得播音有声语言传播打破了地域、民族、国家的界限。现在的一个地方电台、电视台的节目可以对不同地域、不同民族甚至是不同国家的受众产生影响。这种受众的社会广泛开放性，无论对节目的领导者、制作者还是传播者无疑都提出了更高的要求。因此，播音员、主持人应以更强烈的开放意识、全局意识和责任感来从事播音创作活动。

播音创作的受众是广泛开放的，但从其接受方式来看，又是个体分散的。广播电视虽然拥有最大范围的受众，但是，这个受众的接受不是"大庭广众"式的接收，播音员、主持人也不是面对"大庭广众"发言、主持，家庭和分散的个人是广播、电视播音传播的主要对象，这是播音员、主持人确定自己传播方式的一个重要依据，从交流状态、交流方式、交流语气分寸到交流语音音量的大小，都要顾及这一特点，才能使播音创作、语言传播深入到受众的心中。

（六）强烈的时代性和鲜明的表态性

由于广播电视传媒的时效性、迅速性，由于播音创作活动的紧张性、日常性、社会性，使得播音创作活动具有鲜明的时代特性。中华人民共和国成立后的和平建设时期，播音员热情朴实、亲切自然；改革开放以来，播音员亲切、活泼、清新明快。从播音速度的变化来看，也是与时代节奏的变化相吻合、相同步的。播音创作者应该牢牢把握时代的脉搏，掌握时代的节奏，才能创作出为人们所接受和喜闻乐见的优秀作品。落在时代之后或远离时代之外，不论语言多么色彩斑斓，也只能是落伍者的哀叹，成为时代主旋律的不和谐音符。

广播、电视作为统治阶级的喉舌，有着鲜明的阶级性和表态性。播音创作以有声语言为媒介，使这种表态性变得更为鲜明和直接可感。作为播音工作者，要站在党性和党的政治立场上，旗帜鲜明地肯定是，批评非，而不能模棱两可，不偏不倚，用所谓的"纯客观"的语调去播音、主持。所以，在思想感情上与党、政府和人民群众保持最大的一致性，是做好播音工作，圆满完成创作任务的前提。

（七）语言的艺术性和规定的创造性

作为语言艺术的播音有声语言，它的艺术性和创造性是显而易见的。这一方面在于播音员、主持人那纯正的、标准的普通话语音，圆润动听的嗓音，字正腔圆、富于美感的发音和富于真情实感、色彩变化多样的语言表达。可以说，优秀的播音工作者其声音和语音本身就有丰富的美感；另一方面，其艺术性和创造性还在于播音员、主持人能够用有声语言表达出稿件、节目的丰富内涵，甚至表达出稿件作者、节目编导意料之外的"弦外之音"，为稿件、节目增色，使听众、观众获得阅读稿件所达不到的审美愉悦和感受。

然而，需要注意和指出的是，播音有声语言的艺术性、创造性是受稿件、节目的新闻性规定和制约的。这又是播音创造性的特点所在。用一句形象的话来概括播音有声语言创作的特征就是："戴着镣铐跳舞。"既要跳得多姿多彩，富于创造的美感，又不能脱离镣铐的制约和羁绊。这"镣铐"就是稿件、节目、编辑意图、宣传目的和针对性，就是正确的播音创作道路及播音有声语言艺术规律和党对新闻工作者的要求。因此，播音员、主持人应努力在这种制约性和规定性中去寻求创造。那种认为稿件和节目限制了播音员、主持人的创造性发挥，试图在稿件、节目这些要求之外去寻求表现的观点和做法都是不正确的。离开稿件、节目和编辑意图、宣传目的、创作规律的随心所欲的所谓创造，实际上已经偏离了正确的播音创作道路。

综上所述，播音员、主持人只有坚持了正确的创作道路，才能最充分地体现播音创作的特征，同时也就坚持了正确的播音创作原则。而要坚持正确的创作道路和播音创作原则，还要警惕不正确的创作意识的干扰。比如，不重视平时的学习、修养的积累和新闻素养的提高，创作时就稿论稿的意识；专注于分析理解，却忽视饱满感情的积累和引发的意识；还有轻视语言技巧的意识和无视播音特点的倾向；等等，都会妨碍播音创作特征和正确的创作道路的把握。

第三节　播音主持工作者的职业道德

播音员、节目主持人是新闻工作者，他首先就要遵守一名新闻工作者的职业道德，这主要表现在以下五个方面。

一、坚持全心全意为人民服务的宗旨

全心全意为人民服务，在今天的历史条件下就表现为代表中国最广大人民的根本利益。广播电视就是要反映最广大人民的根本利益，维护最广大人民的根本利益，帮助实现最广大人民的根本利益。我们认为，对于播音主持专业人员来说，要做到以下两点：

第一，准确、及时、高效地传达党的路线、方针、政策，把广大人民群众团结到党所领导的伟大事业中来。全心全意为人民服务，立党为公，执政为民，是中国共产党同一切剥削阶级政党的最根本的区别。她始终坚持人民的利益高于一切。她除了最广大人民群众的利益，没有自己的特殊利益。这已经被历史的事实所证明，并正在被现实所证明。中国共产党是人民利益的忠实代表，她所制定的方针、路线、政策都是为了实现最广大人民群众的根本利益。播音主持专业人员要通过自己卓有成效的工作使广大人民群众及时地了解其内容，而且一定要使他们明白：这些方针、政策是代表他们的哪方面利益的，是如何代表他们的根本利益的。看清了方向之后，人民群众就会自觉地去贯彻党的路线、方针、政策，为实现自己的根本利益而努力。充分沟通党的意志与人民的意志，使党的意志与人民的利益、人民的行动最大限度地达到统一，这是播音主持专业人员实现"全心全意为人民服务"宗旨的基础。

第二，全心全意为人民服务，要落实到语言传播的实践当中，为广大人民群众提供丰富多彩的精神文化食粮，为社会主义建设提供有力的思想保障、智力支持和精神动力。广大受众是广播电视的服务对象和传播的终点，通过向受众提供尽可能周到的服务来实施对

受众的引导，是广播电视实现其引导功能的重要途径之一。要力争在第一时间准确、快捷地为广大受众提供内容广泛的信息，为他们的生产生活提供重要参考；在重大事情与事件上，能及时为广大受众释疑解惑、明辨是非，帮他们认清真理、警示错误；为广大受众提供丰富多彩、轻松自在的休闲娱乐……播音主持专业人员要会同采、编、录、控等各个环节的工作人员一起，尽量用高质量的精神产品满足人们日益增长的精神文化生活需求。

为了更好地为受众服务，我们就要积极主动地深入群众、深入实际、深入生活，在广大人民群众鲜活的生产生活实践中汲取无尽的力量，发现真实感人的人物、事件，发现新问题，总结新经验，真切地反映基层的情况，反映群众的呼声、心声，努力贴近群众、贴近实际、贴近生活，增强节目的吸引力、感染力、影响力，使传播逐渐深入人心。

二、坚持正确的导向

广播电视首要的功能就是宣传功能，它是党的重要的宣传阵地、思想文化阵地。宣传，就是陈明利害，使广大人民群众明辨是非，自觉追求自己的长远的和根本的利益，并把它化为自己的实际行动。宣传的直接目的就是导向。能否坚持正确导向关系到全党和全国工作的大局。导向正确是人民之福，导向错误是人民之祸。

（一）坚持正确的舆论导向

"以正确的舆论引导人"。播音员、节目主持人要完整、全面、准确、及时、高效、深入、鲜活、生动地把党的基本理论、基本路线、基本方略和各项方针政策送到广大人民群众的眼前、耳畔、心中，把全国人民的思想统一到建设中国特色社会主义的伟大事业上来。播音员、节目主持人要尽自己的最大努力，营造团结鼓劲、坚定信念、振奋精神、豪迈进取、心胸开阔的良好社会舆论氛围。

坚持正确的精神导向，以高尚的精神塑造人。播音主持工作者要有坚定的党性原则，要弘扬社会正气和正义，积极地、发自内心地宣传爱国主义、集体主义、社会主义的高尚情操，倡导一心为公、处处为他人着想的社会公德，热情宣扬爱岗敬业、勤奋务实的职业道德，继承助人为乐，与人为善，老吾老以及人之老、幼吾幼以及人之幼等传统美德。播音员、节目主持人自己首先要成为高尚情操的实践者，以高洁的人格、高远的人生境界激励自己。这样，在语言传播的实践中，自己所倡导的那些精神、美德、境界才会不仅出自己口，而且会发自本心，也才会有感动受众的魅力，使他们相信并努力实践。

（二）坚持社会的共同理想导向

一个民族、一个国家，如果没有自己的精神支柱，就等于没有灵魂。有没有高昂的民族精神，是衡量一个国家综合国力强弱的一个重要尺度。一个国家的共同理想和精神支柱是非常重要的。从中短期来看，建设中国特色的社会主义是我们的共同理想；从长期来看，不断推动政治、经济、文化的全面发展，不断促进人的全面发展，最终实现共产主义的伟大理想，这是我们最大的共同理想。播音员、节目主持人要通过自己的工作，使更多的人认同这一共同理想，使它成为全社会真正的共识，并化为人们在各行各业、在自己的岗位上努力工作的行动。共同的社会理想是增强民族凝聚力的一个重要支柱，而民众对国家的认同感和社会主义核心价值观的认同，是形成民族凝聚力的基础。

播音员、节目主持人首先一定要检查和强化自己的国家认同感和对社会核心价值的认同感，使之真正成为自己的思想和认识，使之融入自己的血液中去，使之既出于己口，更是发自本心，通过我们的传播，影响尽可能多的人。

（三）坚持积极向上的生存导向和人生导向

每个人的生存状况、生活方式、生活理想是不一样的，但人们生活的态度在总体上应该是乐观开朗、积极向上、奋发进取的。语言传播要"鼓舞人"，不仅要用明达的政策与大好形势去鼓舞人，还要倡导积极向上的人生态度，帮助人们克服消极悲观的生命取向，张扬生命的内在活力，活出精神、活出精彩。我们要发挥有声语言所独有的创造性，发挥有声语言音声化的、可感的魅力，激励人们不断提升自己的生存质量，不断提高自己的精神境界，促进人的全面发展。

（四）坚持先进的文化导向

语言传播对先进文化的正确引导关乎中华民族精神家园的巩固、完善、美化。语言传播对先进文化的有力引导关乎国家的文化安全。我们要主动承担起建设先进文化的责任，为建设"面向现代化、面向世界、面向未来的，民族的、科学的、大众的社会主义文化"贡献自己的才智和热情。而先进的文化，首先应该立足于中华民族传统文化精华基础之上，因为传统文化的生命力就在于，它在深层次上构成了一个民族心理发展和历史传承的要素。它历经几千年而绵延长存，经过历史的积淀而成为一种价值资源。语言是重要的文化载体，播音员、节目主持人就是要充分发掘、发挥汉民族共同语的优势，展示民族文化的魅力，占领文化阵地，使传统文化的血脉在一代又一代人的心中接续，乃至发扬光大。

三、遵守宪法、法律和新闻工作纪律

（一）要认真学习国家的宪法和各项法律、行政法规等

依法治国是我们的立国之本。建设社会主义法治国家是我们实现现代化、建设社会主义文明国家的立足点。严格遵守宪法和法律，使自己的所有行为都在法律许可的范围之内，这是每个公民应尽的义务。播音主持专业人员是新闻工作者，是国家文化建设、法治建设的先锋，我们更应该成为遵守国家法律的典范。在我们的文化传统中，历来认为身教重于言教，重视言行一致、表里如一，人前人后一致，台上台下一致。只有这样，我们的语言传播行为才会更有说服力。

尊重宪法的无上权威，严格按照法律、法规的要求办事，即"有法必依"，是每一个现代文明的国家都必须具备的前提条件。客观地说，由于漫长的封建社会"人治"思想的影响，在普通人的心目中，"法治"的观念还是相当淡漠的，好多人不懂法、不知法，以至于违法而不知，而个别人甚至"有法不依"。我们的国家已经下定决心，要建立、健全与社会主义市场经济相适应的、现代文明社会所必备的、完备的现代法律体系。我们应该看到，圆满完成建立、推进、强化全体人民的法制观念的任务，是相当漫长而艰巨的。我们播音主持专业人员一定要充分认识到这项工作的复杂性、艰巨性，首先从自己做起，学好法律，懂法知法，然后再去推动整个社会的法制化进程。

这些年来，我们国家立法的步伐越来越快，许多行业都有了明确的行为规范。法律、法规已经渗透到了社会生活的方方面面。可以说，当今在任何一个领域内的社会活动尤其是新闻活动，都离不开有关的法律。我们要做关于一个领域的节目，就必须熟悉这个领域内的相关法律、法规，以及可能涉及的法律问题。这样才能有利于我们认清一个个新闻事件的本质，理清其中错综复杂的关系，也才能成为"内行"。这是当今做好一个播音主持专业人员所必备的素质。为此，我们必须养成关注、关心各个领域内的立法、司法、执法活动，做到心中有数。这样，到话筒前、镜头前进行创作的时候，才能做到胸有成竹、有条不紊、侃侃而谈。

（二）从事传播活动的时候一定要遵守法律，做守法的典范

我们不要通过非法的手段去达到所谓"合理"的目的。现在媒体的竞争越来越激烈，为弄到独家新闻、搞到有轰动效应的题材，有的人可能会不太考虑手段的合法性，做出触犯法律的事情，这是绝对不允许的。

另外，国家和公众赋予了我们以"舆论监督"的职能，揭发、揭露社会上非法的、丑恶的现象，督促解决问题的进度，警示其他人。但是我们一定要严格按照进行舆论监督的原则来实施，不能运用非法的手段。否则只能起到相反的作用。

（三）严格遵守新闻工作和播音主持工作的纪律

每一个行业都有自己的规矩，每一个职业也都有自己的工作纪律。播音主持工作作为一项比较特殊的职业，更有自己鲜明的、严格的工作纪律。这是每一位播音主持专业人员都必须牢记的。

四、尊重受众

受众是语言传播活动的终点。我们在话筒前和镜头前的所有活动的目的是"以理醒人""以理服人""以情感人"，我们的目的就是要影响受众，从这个意义上说"一切为了受众"是有道理的。而要达到上述目的，尊重受众是前提。尊重受众是实现"全心全意为人民服务"宗旨的起点。

"尊重受众"应该如何落实到我们的语言传播实践中呢？我们认为：

（一）坚持礼貌原则是底线

这是人际交往的最起码原则。在节目中，播音主持专业人员不得讲有损于受众和嘉宾人格尊严的话，比如在一些"竞猜类"的节目中，因听众或观众没有答出问题，有的主持人会随口说出贬低听众或观众的话等。

（二）全心全意完成话筒前、镜头前的创作是根本

我们在做节目的前期准备的时候，要尽量多地了解和掌握与节目内容相关的背景、材料，明晰节目的主题和创作意图，强化传播目的意识，以自己的经历、经验、思想、感情去消化、内化节目中涉及的人、情、事、理，把节目的传播内容变为"我要说的话"，做到成竹在胸，运筹帷幄。等到话筒前、镜头前创作的时候，才能决胜千里。

而在有声语言的创作活动过程中，要充分发挥自己作为创作主体的主动性、创造性，把主持节目的过程真正作为一个有声语言的创作过程来对待。创作主体在充分理解、消化、内化节目的内容、传播意图基础上，充分调动自己的认知和情感，以"非说不可"的创作状态，悉心驾驭节目的进程。在创作过程中，一方面，要时刻驾控节目起承转合的运动链条；另一方面，又要明察秋毫之末，感受、感情、思维都力争做到精当准确。这样，

就真正能为受众传递信息、传授知识、传播真理、传播真情，就能最大限度地满足受众在看电视、听广播时的不同方面、不同层面的需求。这才是尊重受众的根本体现。

（三）努力为受众提供高品质的精神食粮是方向

细心考察受众的精神需求，尽量为他们提供高品质的精神食粮应该是我们尊重受众的最好体现，也应该是发展的方向。节目的内容不同，其品位也不同。粗略分来，就有高雅、平实、通俗三品，而每一品当中又可以分出上、中、下三级。我们所说的"高品质"就是指这三个品位中的上等之作。不论我们所做的是哪一个品位的节目，都要力争做到最好。

在尊重受众的问题上，最具迷惑力的错误观点是"受众就是上帝"。这句话是从企业界"顾客就是上帝"这句话套用过来的。这种观点的错误就在于它根本放弃了播音主持专业人员作为一名新闻工作者，作为党和人民喉舌的工作性质，作为人民群众精神守卫者的职能，为在语言传播中散布低俗、庸俗的东西敞开了方便之门，既然受众是上帝，他需要什么。我就提供什么；而受众本身是分层次的，有些人就是需要那些低级的、宣扬感官刺激的东西，是不是也要"送货上门"呢？当然不能。作为一位文化工作者，只有为受众提供高质量的精神食粮的义务，而毫无贩卖残品、次品的权力。

五、发挥团结协作精神

语言传播是一个"出声露脸"的工作，本来默默无闻，但很可能因为一个节目的成功而"一夜成名天下知"。如果缺乏清醒的自我意识，就容易滑入自我膨胀的泥潭：节目之功，全在于己；节目之失，全在于人。播音员、节目主持人的工作形态呈现为个体的劳动。一个节目的成功，当然有播音员、节目主持人的功劳，但它更是节目制作群体智慧与辛勤劳动的结晶。这其中，从选题的确定、相关背景材料的收集，到主题的提炼、传播目的的确定，再到节目提纲的拟定、节目的整体策划、稿件的写作，以及采访、录音、摄像、化妆、编辑、合成、发射等环节，都需要密切分工、通力合作。任何一个环节出现问题都会直接影响到节目的最终质量。当然，在实际工作中，有的播音员、节目主持人也参与节目的策划、采访、稿件的写作等，但其最终目的还是为了到有声语言创作环节的时候能够对节目有深入的了解，能更好地使节目的传播目的顺利通过有声语言表达出来。播音员、节目主持人要清醒地认识到自己在这个大的分工体系中的位置，尽好自己的责任，全力配合其他环节的工作，而不应有丝毫居功自傲意识、自我优越意识。

播音员、节目主持人的个性只有在充分发挥共性、完全融入节目群体的基础上才能得到发挥。每个播音员、节目主持人都有自己的优势和劣势,我们要善于扬长避短,或者"扬长补短"。"个性是个人稳定的心理特征的总和",它包括"个性导向系统""自我调节系统""心理特征系统"。播音员、节目主持人的个性系统是一个开放的系统,只有把这个系统融入整个社会和群体的大系统中,才能获得力量的源泉和继续发展的动力。从现实情况来说,绝大多数情况下是"节目选人",所以,只有播音员、节目主持人的个性符合节目的需要、符合节目的共性的时候,他的个性才会得到承认,并得到更大的发展空间。如果谁把群体视为对个性发挥的阻滞,那他一定会被群体所拒绝,从而彻底失去其发展所必需的土壤和空间。只有在个体与群体密切协作的前提下,个性才会得到发展和发挥的机会。个体与群体密切协作的结果很可能就是"节目抬人",个体的个性得到了发挥的空间,继而"人抬节目",个体群体相得益彰,互相促进,形成"鱼水效应":个体之鱼在群体之水中自由畅游,挥洒自如,而群体之水为个体之鱼全力提供畅游的广阔空间。

人民广播事业在团结协作方面有着光荣的传统和丰富的精神财富。在延安时期,生活和工作条件的艰苦是现在的人所难以想象的,但是当时的播音员和编辑技术人员在工作上互相支持,在业务上互相帮助,在生活上互相关照,形成了一个团结的、富有战斗力的集体。

第四节 播音主持工作者的职业意识

这里所说的"职业意识"指的是播音主持工作者所必须掌握的原则,而这些原则是我们做好这项工作的指针,是强化能力和个性的基础。一般认为,这些职业意识主要有:

一、政治意识与大局意识

(一)政治意识

政治意识主要指喉舌意识。我们一定要时刻清醒地认识到,播音主持工作者是党、政府和人民的喉舌。这既是对我们工作性质、社会地位的自我定位,更要使之成为一种对自我工作职能的自觉与清醒。我们就是竭尽所有智慧和力量,做好"上情下达"和"下情上达"的工作:要把党和政府的声音及时、准确、生动地传达给那些急切想了解它们的广大受众,因为党和政府的声音完全是为了他们的根本利益着想的,他们想尽快、尽早地了解它,沿着它所指引的方向去做;要把广大人民群众的困难、要求全面、如实地反映给党和政府，使之能更系统、深入地了解民情、民生、民意，以便能尽快地制定出符合人民根本利益要求的政策和措施，从而为党和政府的决策提供真正有价值的参考。我们播音主持工作者要甘为喉舌、勇为喉舌、善为喉舌。

政治意识还必须包括党性意识。党性意识指我们一定要站在无产阶级党性和党的政治立场上，以新闻工作者特有的敏感，把握国内外形势发展的变化和人民群众的思想实际。新闻传媒是政党和政府利益的忠实代表，甚至是国家机器上的"一个齿轮和螺丝钉"，只不过表现方式不同而已，这已经为无数事实所证明。我们中国的新闻工作的一大特点就是公开地、旗帜鲜明地承认这一点，绝不遮遮掩掩。我们对所有新闻事件的看法和报道都必须站在党的方针、路线、政策的立场上，明辨是非、观点鲜明、爱憎分明，而绝不能有丝毫模糊与动摇。我们首先要认真学习党的方针、路线、政策，而且不能只是一般性地停留在浅表认识的层面上，必须深化为感悟，化为感受，化为话筒前、镜头前有声语言创作的动力源泉和创作实践。

（二）大局意识

大局意识首先是指我们要始终站在党和国家工作全局的高度看问题，也就是要站在党和国家的大政方针的高度上去看待问题。同时，大局意识还指要站在国际和国内形势的整体的高度去看待问题，而不能受事物本身地域或领域的限制。

大局意识指我们要站在广大人民群众根本利益的角度去看待问题。人民的利益是不同的，有眼前利益，有长远利益；有局部利益，有整体利益；而我们要反映和代表人民的长远和根本利益。我们当然要让广大人民群众明白他们的根本利益所在，并使他们自觉地维护和追求其根本利益。但是也一定要警惕和揭穿那些以追求人民群众长远利益为名，而进行损害人民群众现实利益之实的行为。

大局意识还指要善于透过现象看本质。我们不能满足于事件表面所呈现给我们的样态，要能够遵循事物的规律去挖掘其本质，要通过我们的有声语言表达，不仅把事件本身呈现给广大受众，而且要能够把事件背后的、深层的东西展现给广大受众，帮助他们提高明辨是非的能力。

二、责任意识与新闻意识

（一）播音主持专业人员的责任意识

播音主持专业人员的责任意识主要有：自觉宣传党的路线、纲领、方针、政策的责任。

如上文所述，关键是要用它们来武装自己的头脑，把它们化入自己的心灵，化为创作的源泉；把责任化为创作的动力，产生"非说不可"的冲动，而不是敷衍塞责、应付了事。

自觉反映、满足、维护广大人民群众根本利益的责任。真实全面反映人民群众的要求，满足他们日益增长的文化需求，努力为他们提供高质量的精神食粮。

自觉建设先进文化的责任。受众的文化要求、欣赏品位在不断提高，我们要把科学的、民族的、社会主义大众的文化传播给广大受众。我们要在考虑到大多数人欣赏品位的基础上，追求在普及基础上提高的、雅俗共赏的、代表最广大人民群众根本文化追求的文化。要深深扎根于中华传统文化的土壤中，充分汲取本民族文化的精华，敞开胸襟，融会世界上一切民族文化的精髓，不断丰富人们的精神世界，增强人民的精神力量，创造清新舒畅的社会文化环境，凝聚人们的力量，激发人们的建设热情，鼓舞人们的奋斗豪情，万众一心，齐心协力，建设富于生机和活力的、独特的、充满魅力的社会主义先进文化。

自觉强化全社会的思想道德的责任。思想道德建设也属于广义的文化建设的范畴，但我们还是要把它单独拿出来谈，因为它实在太重要了。我们要不断提升自己的思想境界，牢固树立共产主义的世界观、为人民服务的人生观、奉献社会的价值观，引导人们树立建设中国特色社会主义的共同理想，弘扬爱国主义精神，倡导社会主义、集体主义、爱国主义，恢复和巩固诚实守信原则，强化公德意识，加强职业道德、家庭美德建设。

（二）播音主持专业人员的新闻意识

播音主持专业人员的新闻意识是指我们要以一个新闻记者的眼光时刻关注、认识、反映、分析客观事物，时刻关注党的方针、政策的新精神；时刻关注国际国内的重大事件的发生、状况；时刻关注全社会各行各业的新成绩、新变化、新经验、新思想、新观念、新人新书、新风貌等，要善于迅速地从纷繁复杂的新闻事件中抓住事件的本质，要在关注中分析、思考，融入自己的感受与体验，要善于把这些感受和体验化为我们话筒前、镜头前有声语言创作的"新鲜感"和"非说不可"的动力源泉。

播音主持工作的根本属性是其新闻性，所以，播音主持工作者的新闻意识非常重要，它应该是我们所具备的核心素质之一。

责任意识是新闻意识的内在灵魂，而新闻意识是责任意识的外在体现之一。

三、规范意识与精品意识

（一）规范意识

说规范的普通话是规范意识的前提。我国的《宪法》中明文规定：国家推广全国通用的普通话。普通话作为唯一的标准，规范着各行各业的人员。《中华人民共和国国家通用语言文字法》中更是明确地规定：广播电台、电视台以普通话为基本播音用语。……以普通话为工作语言的播音员、节目主持人和影视话剧演员、教师、国家机关工作人员的普通话水平，应当分别达到国家规定的等级标准。而播音主持工作者更是在全社会推广普通话的典范。因此，在我们的创作中，有声语言必须规范。语音、语法、修辞、语调……都应该按照普通话的要求，而不应该追求方言俚语（当然方言节目除外）。但是，讲普通话的标准只是规范意识的基础而已。作为一个特殊的专业，播音主持的规范意识有其特定的内涵，所以，在现实当中许多普通话达到一级甲等的人并不一定适宜进入到播音主持工作的行列中来。

"非说不可"的状态是规范意识的基础。广播电视有声语言的样式和样态是丰富多彩的，但是，各种样式和样态的共同基础是"非说不可"。"非说不可"是一种个人的感受、经验、信仰、情感与党性意识、喉舌意识、责任意识、全心全意为人民服务意识等相融合的产物，是一种急切地想要表达的、强烈的、不可遏止的内心创作冲动。"非说不可"状态是广播电视有声语言进入创作的起点和基础，是规范意识的基础。

"创造美"是规范意识的方向。广播电视当中规范的有声语言已经超越了地域的狭隘，剔除了日常语言的芜杂，摒弃了市井语言的粗俗，脱离了人际交流语言的浅白，应该进入到有声语言的审美层面。这应该是规范意识的方向。它可能不是有声语言的现实，但它一定是有声语言的"应有现实"，也一定会成为现实。"爱美之心人皆有之"，随着人们物质生活水平的不断提高，人们对精神生活的需求肯定会越来越高，广大受众对有声语言所特有的美的追求、内心吁求一定会越来越强烈。在"信息共享""认知共识""愉悦共鸣"的基础上，广大受众一定会要求有声语言的"美感共享"。

（二）精品意识

在创作之前要精心地准备，就是要为话筒前和镜头前的创作进行精心的准备，深入到生产和生活的一线去，积累不同的感受；就是要认真、踏实地锤炼自己的语言功力；提高观察力、理解力、感受力、表达力、感染力、回馈力等能力，为有声语言的创作进行扎实而有效的准备。

在创作之中，一定要精益求精。有声语言创作的立意要新，思路要清晰，材料选择要恰当。创作主体要在全局在胸的前提下，对创作过程中的每一个细节都要精心自理。

规范意识是精品意识的保证，而精品意识是规范意识的深化。

四、"三贴近"意识：贴近实际、贴近生活、贴近群众

坚持贴近实际、贴近生活、贴近群众是新世纪新阶段加强和改进宣传思想工作的重要突破口，是宣传思想工作增强针对性、实效性和吸引力、感染力的根本实现途径，是宣传思想战线必须长期坚持的工作原则。

"三贴近"具有丰富的内涵，可以做如下概括：

贴近实际，就是立足于社会主义初级阶段这个最大的实际，始终坚持解放思想，实事求是，与时俱进，紧跟时代步伐，适应现阶段经济、政治、文化发展的实际状况和要求，适应不断发展变化的客观现实，真实反映改革开放和现代化建设的实践，坚持把发展作为第一要务，更好地为党和国家的中心工作服务，为大局服务。要树立实践的观点，把回答和解决实践提出的重大课题作为宣传思想工作的中心任务，从实际出发部署工作，按实际需要推进工作，以实际效果检验工作，使宣传思想工作更加具体实在、扎实深入。

贴近实际，要求我们遵循马克思主义的认识论，坚持一切从实际出发，而不能从本本和概念出发、不解决任何实际问题；贴近实际，要求我们适应群众的接受能力，形成与社会主义初级阶段基本经济制度相适应的思想观念，不能超越阶段，用脱离实际的说教强加于人；贴近实际，就要贴近中心，贴近大局，不能远离改革开放和现代化建设的主战场，搞"两张皮"；贴近实际，就要说实话，鼓实劲，求实效，不能只求场面上的轰轰烈烈，搞形式主义。

贴近生活，就是深入到火热的现实生活中去，深入到社会经济、政治、文化生活和人民群众的日常生活中去，反映客观现实，把握社会主流，解决具体矛盾，更好地融入生活、服务生活、引导生活。要始终把工作视点对准火热的生活，关注朴素平凡的生活细节，聚焦丰富多彩的生活场景，从现实生活中挖掘生动事例、汲取新鲜营养，展示未来生活的美好前景，激励人民群众同心协力，奋发图强，为创造更加美好的新生活而共同奋斗，使宣传思想工作更加入情入理，充满生活色彩、富有生活气息。

贴近生活，就要求我们以生活为源泉，忠实地反映和表现生活，不能本末倒置，用抽象的概念裁剪生活，用主观的想象代替生活，不能违背生活现实，闭门造车；贴近生活，就要抓住生活本质，解决生活难题，丰富生活内容，不能停留在社会表象和简单的说教，搞形式主义；贴近生活，就要求我们必须跟上生活变化的新节奏，传递生活变化的新信息，满足群众精神文化生活的新需求。

贴近群众，就是深深扎根于群众之中，想群众之所想，急群众之所急，办群众之所盼，充分体现群众意愿，满足群众需求，把握群众脉搏，说群众想说的话，讲群众能懂的

话，为群众提供想看爱看、健康向上的精神文化产品，更好地代表最广大人民群众的根本利益。要牢固树立群众观点，权为民所用、利为民所谋、情为民所系，以群众满意不满意、高兴不高兴、赞成不赞成、答应不答应作为根本出发点和落脚点，多联系群众身边的事例，多反映群众的切身感受，多运用群众熟悉的语言，多用群众喜闻乐见的形式，使宣传思想工作更加可亲可信、深入人心。

贴近群众，要求我们高度重视群众的主体地位，吸引群众广泛参与，不能把群众当成被动接受的对象；贴近群众，要求我们高度重视实现群众的切身利益，所有工作都要着眼于为人民群众办实事、办好事；贴近群众，要求我们高度重视人民群众多层次、多方面、多样化的精神文化需求，把普及和提高结合起来，丰富群众文化生活。

坚持"三贴近"，就要落实到各项工作中，从眼前抓起，从具体事情抓起。新闻宣传工作"三贴近"，就要始终坚持正确的导向。正确导向代表最广大人民的根本利益，是党和人民之福。要把体现党的意志同反映人民群众的心声统一起来，把思想性、指导性和可读性结合起来，多用群众的语言，多联系群众身边的事例，多采用群众喜闻乐见的形式，多报道有实在内容、有新闻价值的事情。就要深入到改革开放和现代化建设的第一线，把镜头对准基层，把版面留给群众，讲求时效性，增加信息量，关注热点问题，反映群众呼声，实行正确的舆论监督，推动实际工作，引导社会舆论。就要多听群众意见，多创品牌栏目，办出特色，办出风格，增强吸引力，提高竞争力，在市场上站住脚，在群众中扎下根。就要在坚持正确导向的前提下，鼓励和支持新闻媒体发挥主观能动性，勇于创新。

播音主持工作坚持"三贴近"，就要落实到有声语言的创作过程中，始终坚持正确的导向，坚持正确的创作道路，以丰富多彩的节目内容和群众喜闻乐见的表达形式，热情周到地为受众服务，创作出更多的精品节目奉献给广大人民群众。

第二章 播音与主持创作的理论

第一节 播音主持艺术的创作原则

播音与主持是艺术创作活动,这种创作活动具有明确的创作目标,符合客观的创作规律,讲求艺术的创作方法,以此形成了它的基本创作原则。

具体地说,这些创作原则主要就是实现信息共享的传播目标,遵循广播电视的传播规律,追求情理交融的传播效果。

一、实现讯息共享的传播目标

要想实现信息共享的传播目标,就需要了解大众传播的不同类型。传播学是20世纪中叶出现的一门新兴边缘学科,它与新闻学、社会学、心理学、人类学、信息论、系统论、控制论等许多学科都有着千丝万缕的联系,彼此渗透,相互影响。它研究人类社会的一切传播现象,特别是现代电子媒介——广播电视更是它重点研究的对象。不仅分析它的"渠道特性",还研究传播者和信息内容。

(一) 有稿播报式的大众传播

有稿播报实际上就是代表组织、团体或权威人士转述文论或言论,也适合对文学艺术作品的朗读。它曾经是广播电视中一种主要的语言表达形式,是在"三级审稿播出管理体制"以及"录播机制"下派生出的一种制播手段。它所依托的是一种朗读语言艺术或者说是"有稿播音"方法,它也是当前播音学的主要研究对象。只要广播电视还需要发挥"转述"作用,这种语言形式在当下和将来都会长期存在,仍然具有较高的使用价值。

(二) 人际交流式的大众传播

人际传播是个人与个人之间的交流活动,它是社会生活中最直观、最常见、最丰富的传播现象。彼此交谈、书信往来、电话联系、发电子邮件等，都属于人际交流与传播的范畴。人际传播的内容十分丰富，既包括关于环境变化的实用信息交流，又包括彼此交换各自的一些看法和意见，并满足个人的社会性心理需求，等等。虽然形式多样，但大致可以分为两种：一种是借助某种有形的物质媒介（如信件、电话、电报等）的传播；另一种是面对面的传播。可以说，这两种人际交流传播形式在广播电视主持人节目中都得到了广泛的运用。这里需要说明的是，人际交流一般是在人们的"私密空间"进行的，但是一旦进入大众媒介，它就自动失去了"个人的隐私"，变成了完全公开的内容。

人际传播现象已经在我们的主持人节目中大量出现。人们还在努力创造条件，更多地去表现这些人际交往的生动情景。在使用大众传媒的时候要考虑到它的交流性、有效性，在进行人际交流时要兼顾它的社会性、广泛性。大众传播与人际传播的结合，实际上也是间接控制与直接控制的结合，也只有这样才能使它们取长补短、相得益彰，从而保证主持人节目的健康发展。

（三）群体互动式的大众传播

所谓群体，指的是具有特定的共同目标和共同归属感、存在着互动关系的复数个人的集合体。这个定义中，"群体"不仅包括家庭、朋友、街坊邻居、娱乐伙伴等初级群体，还涵盖了具有共同属性的间接社会集合体。所以群体有两个本质特征：一是目标取向有共同性；二是具有以"我们"意识为代表的主题共同性。这两个特征意味着任何一个群体都具有互动机制和使共同性得到保障的机制，群体与成员、成员与成员间的传播互动机制就叫作"群体传播"。群体传播就是将共同目标和协作意愿加以连接和实现的过程。群体传播形成群体意识，这种意识一旦形成，也会对群体传播产生重要的影响。群体意识的影响主要体现在对成员个人的态度和行为的制约作用上。群体意识无疑是在群体信息传播和互动过程中形成的。任何一个群体都具有自己的传播结构，这个结构主要是由信息的流量与流向两个方面来决定的。信息的流量主要是指共同兴趣的面有多宽。一般来说，信息的流量大，群体成员间互动和交流的频度就高，群体内容易达成共识。同时，信息的流向是单向的还是双向的，传播者是特定的少数人还是一般成员都拥有传播的机会等，对群体意识的形成也有重要影响。双向性强意味着群体传播中民主讨论成分多、信息共享程度高，在这个基础上更容易形成群体的凝聚力。我们这里所说的群体传播不同于组织传播，主要是指非组织性群体传播活动。

大众传播与群体传播的有效结合，将会起到互补的作用，其效果和影响都明显优于单一的传播形式。但是也要注意克服下列两种倾向。一是偏重于大众传播，却忽略了群体传播。只考虑了面向大众，却疏远了群体成员。结果导致群体内的关系十分松散，当然也就很难形成外涉的影响力。这说明，主持人在这里仅仅起到了串联节目的作用，却忘记了自己更是两类传播活动的操持者。这样往往就会造成"台上台下"的"间离效果"。二是偏重于群体传播，却忽略了大众传播。如有的主持人为了活跃气氛，一味地插科打诨，哗众取宠，失去了分寸。这样只能博得场内观众的一时热闹，却冷落了荧屏前的观众，又会造成"台内台外"的"间离效果"，脱离了社会大众。

（四）复合交流式的大众传播

近些年，电视媒体中出现了许多新的传播形式，广播也利用自己的特点发展了一些新颖的节目形式。传播形式越丰富越多样化，就越需要主持人增强控制与协调能力。不具备这样的能力，就无法驾驭纷繁复杂的传播活动，有可能会出现失控情况。

每一类传播方式都会优劣并存。当三种传播形式相融合的时候，主持人应努力去扬长避短，恰当取舍。把人际传播的情感效应、群体传播的从众效应和大众传播的权威效应充分地调动起来，剔除人际传播中的随意性、群体传播中的排他性和大众传播中的刻板性。只有这样才能充分发挥主持人节目的优势，取得最佳的社会传播效果。

二、遵循广播电视的传播规律

播音与主持都是广播电视的传播活动，必须遵循广播电视的客观规律。违背了广播电视的自身规律，也就难以达到理想的传播效果。那么，广播电视究竟有哪些规律必须遵循呢？

（一）注重时效

广播电视用于对"新近发生事实的报道"具有得天独厚的优势。广播电视工作者的时效观与报纸的不一样，它不但反映"昨天、今天、刚才"发生的事件，而且更注重对现在正在发生的事实的报道。因为电子媒介为它提供了这种即时报道的便利。广播电视的电波传送速度是每秒30万千米，在电波覆盖范围内，只要有接收工具（电视、电脑、收音机）就可以接收信息。它不需要检字、排版、印刷、发行等诸多工作环节，可以在此时此刻对此事进行现场报道。广播电视的高时效不仅是它独有的优势，也是它的客观规律。利用这种优势，遵循这一规律，一直是广播电视工作者努力的方向。

（二）注重"形象化"

通过文字阅读，激发想象得到的感受，与借助直观印象得到的感受是很不相同的。从人的心理感知过程来说：文字首先诉诸理性（即先理解而后感知），而形象却直接作用于人的情感。传播学家们从20世纪30年代起就对诉诸情感与诉诸理性的传播效果进行了研究。他们得到的结论是，富有情感色彩的传单对人们选举的影响比理智传单要大得多。社会心理学家们曾做过多次这方面的实验和研究，都得出了相同的结论。这说明传播时首先诉诸情感比诉诸理性更容易使人们的态度发生转变。当然，两种方式各有所长。但是在实际运用中，它们是不能截然分开的，只是施加影响的次序不同，分量也不一样。广播电视是以直观形象作用于人的听觉和视觉的，感觉直接影响情绪，导致感情的变化，引发人们的思考。如今我们所看到的和所听到的广播电视主持人节目正是那种"一对一、面对面"的拟态环境。在这样的环境中，大家可以敞开心扉、倾情交谈，充满了亲切和热情，自然会取得理想的传播效果。当然，广播电视所要创造的并不仅仅是家庭情境，而是根据不同的传播目的选择不同的情境氛围，如闲适环境、严肃环境、游戏环境、自然环境等。

如何更加有效地创造情境氛围，是播音员和主持人专业能力的重要表现。声音是可以塑造形象的，另外它还可以创造情境氛围。"形象化"是广播电视传播的天然优势，播音员与主持人都必须按照这样的规律发展自己的传播能力。

（三）注重"大众化"

广播电视信息一旦发出就无法收回，可以漫无边际地传播。不仅如此，广播电视信息通俗易懂，能够广泛渗透到各类社会群体中。我国地域辽阔，民族众多，由于区域经济发展不平衡，各地还不同程度地存在着文盲、半文盲的现象。在许多偏远地区，邮路不畅、购买力不足等都限制了纸质媒介信息的流通。这样就使广播电视成为当然的"大众媒体"。它基本上不受文化水平的限制，从学龄前儿童到古稀老人，从目不识丁的文盲到学富五车的学者，都可以是广播电视的受众。同时，失明的人可以收听广播，失聪的人可以收看电视。因此"老少咸宜，雅俗共赏"一直是广播电视办好节目的宗旨，力求通俗、口语化、大众化是广播电视节目的形式特征。

群众性广、渗透性强是广播电视的又一个特点，更是它的明显优势。播音员与主持人面对的是一个极为广泛的受众群体。所以他们的语言和表达都应该是通俗化、民族化、大众化的，他们的素养又必须是博学多识、高情远致、善解人意的。尽管现代广播电视正在向"分众化""窄播化"方向发展，尽管我们也很强调主持人的"个性化"，但这丝毫不意味着广播电视会改变"点对面"传播的大众化性质。

三、追求情理交融的传播效果

播音与主持都是以形象化的手段来从事传播工作的。这就使它们具备了艺术的性质。

艺术反映社会生活有它不同于社会科学的特殊性，它是用形象反映社会生活的。形象性是艺术的基本特征。由此可见，形象性是艺术区别于社会科学的一个基本特征。形象就是艺术反映现实生活的一种特殊手段。任何艺术形式都不能离开形象的描绘。没有了形象，艺术本身就不存在了。艺术的内容就是理念，艺术的形式就是诉诸感官的形象。毫无疑问，广播电视内容的传播必须依托某种表现形式，而播音与主持就是创造这种表现形式的主要手段。

（一）播音艺术创作

播音是运用语言艺术进行创作的活动。它不仅仅是依据稿件来进行有声语言的再创造，还包括即兴表达的各种话语艺术。从叙述方式来看，既有转述，又有评述，还有阐述等；从口头语体来分类，大体是朗读体、演讲体和谈话体等。但这样一些语言艺术活动都是在广播电视的语境条件下进行的，所以就必须遵循广播电视的客观规律。

1. 塑造语言形象

声音是可以塑造形象的。特别是在广播中，人们往往会从一个人的声音里揣测、辨别他的社会角色形象。声音的好坏优劣，给人以不同的印象，让人产生不同的感受。即使在电视中，声音也是一个人总体形象不可分割的组成部分。作为传播者给人"先入为主"的印象，十分重要，而声音是关键的因素。播音主要是以有声语言来进行艺术创作的，受众自然会对声音提出审美的要求。"目欲綦色，耳欲綦声"是人类最基本的审美要求。色美以感目，音美以感耳，意美以感心。这些都非常精辟地概括出了人们的这种审美心理的要求。然而这里所说的"播音语言"主要是指那种具有丰富感情色彩和准确表意功能的语言表达方式。运用声音创造美好的语言形象就必须把握科学的用气发声技巧和正确的吐字归音方法。

2. 增加语言美感

这里主要是指有声语言的形式美。规范的汉语言本身就具备平仄相间、抑扬顿挫的美感节律，音韵铿锵、掷地有声、缓疾有节、强弱互补，所以汉语是一种富有音乐感的民族语言，总能给人以悠长的韵味与悦耳的愉悦。

语言的韵律从形式特征看，主要表现为语流的节奏感。构成节奏的是两种关系：一是时间关系，显示快慢；二是空间关系，显示高低。把运动中的这种强弱变化有规律地组合起来加以反复便形成节奏。节奏是天地万物间普遍存在的一种自然现象，它是自然界和谐、人类和平的福音，当然会给人以美感。当然节奏并不就是韵律，在节奏的基础上赋予一定的情调色彩才能成为韵律。

3. 丰富语言内涵

这里主要是指有声语言的内容美。它也是古往今来文学艺术家们所孜孜以求的那种具象以外的"意蕴"。说得更通俗一些，就是指那种"言有尽而意无穷"的境界。歌德的"意蕴说"把艺术作品分为三个因素：材料、意蕴、形式。意蕴即人在素材中所见到的意义。

一般把前两个因素合称为"内容"。这就要求传播主体必须首先充实自己，这样才能"由己达人"。自己有了丰富的思想和感情蕴含，才能厚积薄发，取得感人肺腑、发人深省的传播效果。播音的意蕴并不仅仅是传情达意，同时也在创造一种意境。如果产生了情景交融的效果，也就产生了神韵，体现了气质。这也正是播音艺术所要追求的那种境界。由此我们可以领悟到：做广播电视节目，其重点并不在于用迅疾的语速传达更多的内容，而是借助艺术的手段来达到"语语明白如画，而言外有无穷之意"的效果。这样的艺术手段运用在传授关系中，可以有效地调动受众的参与意识。

4. 完善语言表达

这里主要是指运用播音语言，准确、鲜明、生动地传达节目内容和广播电视信息。俗话说"上什么山，唱什么歌；见什么人，说什么话"就是指在不同的语言环境下，说话的方式都应该不一样。广播电视有多种节目形式，这也就意味着它有不同的语言环境，这些不同的语言环境会对播音提出不同的表达要求。所以，播音绝不是一种固定不变的语言模式，也不应该是单一形态的社会语言。播音是广播电视演播环境中多种口头语体的表达艺术。朗读艺术、演讲艺术、谈话艺术等在广播电视中都具有存在价值。只是我们对它们还缺乏规律性的认识。

（二）主持艺术创作

主持人节目的形象主要是由这样四个因素所决定的：权威性、真实性、亲切感、交流感。由于各类节目的宗旨不同，四种因素的运用也会有所不同。主持人是支撑这个节目的核心人物，他的全部工作就是维系节目的形象，争取最好的传播效果。

1. 树立权威性

权威是指人类在社会实践过程中形成的具有威望和支配作用的力量。顾名思义，主持人无疑就应该是具有威望和起支配作用的媒介人物。正因为节目中始终都存在这种支配力量，所以才形成了节目的特色，称其为"主持人节目"。反之，如果主持人始终不能在节目中树立自己的威望，或者处处受制于人，甚至任由别人"反客为主"，那么这个节目显然是不成功的。所以节目的权威性就来源于主持人的威望和支配力量。主持人的威望源自他丰厚的生活积累、精辟的学识见解、高尚的品德修养。而他的支配力量，一方面是媒体授予的，另一方面来自他自身所具备的令人信服的魅力。

2. 维护真实性

"真实"是主持人节目的生命。它既指节目内容的真实、人物的真实，又指主持人具有真情实感。节目有了真实性，才能产生亲切感和交流感。近年来，真人秀电视节目备受人们的青睐，究其原因在于，真人秀电视节目用娱乐大众的方式，集中讲述了关于真正的人和真正的事件，它的真实节目风格使其观众更喜欢它，其成功缘于真实性。

3. 表现亲切感

主持人是以个性化、人格化的形式与受众见面的。尽管"我"并不完全代表个人，是媒体这个"大我"的化身，但是，受众所接触的则是一个具体的"人"，这个"人"的态度直接维系着节目与受众的感情联系，让人感到亲切，会缩短主持人与嘉宾受众之间的心理距离。传播者的相似性与传播效果之间的联系以人际吸引——喜爱为中介。这就是说，如果人们感到传播者与自己相似，就会喜欢他。换言之，人们都强烈倾向于喜欢那些和他们相似的人。而喜欢传播者，就倾向于接受他的观点。当然，强调"相似性"，绝不意味着要一味去迎合受众的观点或情趣，这种"相似"就是求大同存小异，寻求更多的相互理解和共同语言，诚心诚意关心受众、尊重受众。

4. 增强交流感

平等地参与社会交流，畅叙自己的襟怀，倾诉自己的心愿，是民主社会普遍存在的社会心理。可以说，主持人节目之所以受欢迎，就是因为顺应了现代社会人们的这种心理需求，满足了人们的这种社会交流的欲望。这类节目与传统节目的根本区别也就在于它的双向交流性。事实证明，双向信息沟通的效果大大优于单向信息沟通。这种双向交流关系的建立，取决于主持人的民主观念和平等意识。只要改变一贯的"我说你听"的传统模式，真正与受众平等相处、坦诚相见，尊重大家的意见，倾听群众的呼声，在传授之间建立相互信任、相互理解的氛围，大家就会在这样的氛围中推心置腹，倾心交谈。主持人要以轻松友好的态度来面对嘉宾和观众，不要把探寻隐私当作采访的动机和谈话的主要任务。不咄咄逼人，也不穷追不舍，也正是因为有如此宽松的谈话氛围，嘉宾才乐于和他交谈。

第二节　播音主持艺术的创作方法

播音是一种语言，主持则是传播艺术（其中包括了非语言艺术）。播音员、主持人的口语表达主要就是指某种语言表达方法，在不同的语言交流情境下，使用不同的语体表达形式。《辞海》对"语体"做了这样的解释：指为适应不同的社会活动领域的交际需要所形成的具有一定特点的语文表达体式，是语言交际历史发展的产物。有各种不同的分类。一般先划分口头语体与书面语体，书面语体又分为文艺语体、政论语体、科技语体、公文事务语体等类型。过去我们对书面语体现象研究得比较多，而对口头语体却没有给予足够的重视。譬如，在很长一段时间里，广播电视中朗读语体占据着主要的位置，这就是所谓的"有稿播音"，把不同的朗读方法称为"文体播音"，即不同文章体裁（新闻、通讯、评论等）的朗读方法。当主持人节目大量出现，特别是谈话类节目需要交流时，朗读就不适合了。事实上，口头语体的表达形式也是丰富多彩的，基本上可以分为朗读、阐说（演讲）、谈话三大类。

一、播音艺术的创作方法

根据"播音"就是播出有声语言的理解，我们把广播电视中的这类有声语言表达方法分为三种，即朗读式播音、阐说式播音和谈话式播音。

（一）朗读式播音方法

朗读就是把书面上写的语言变为口头上说的语言，把无声语言（文字、文章、文学作品）变为有声语言——更能表情达意的口头活语言。在特定的历史条件和传播制度下，我们广播电视的稿件都需要经过"三级审稿"后才能够播出。"不准播错一个字"是播音员、主持人的基本职业操守。所以，广播电视中的大量稿件都需要转变为有声语言才能传播出去，这就需要一个朗读转化的过程。但是广播电视中的朗读会受到技术传播环境和媒体功能的制约，不同于一般的朗读行为，有自己的特殊规律，所以我们称它为广播电视条件下的朗读艺术，所以也可以简称它为"播报""播读"等。

朗读一般都是在"我说你听"的氛围中展开的，这样的语言环境需要比较专注的神情和聆听的情趣。在口头语体中，仅仅依赖标点符号是难以准确表情达意的，甚至还会出现与标点符号作用相反的情况。譬如，我们所说的"停连"就与顿号的停顿作用有所不同，往往是含有"似停实连"意味的。可以说,"重音""停连""语气""节奏"就是口头语体中的特殊的"标点符号"和基本表达方法。

(二) 阐说式播音方法

阐说实际上是一种演讲语体,演讲是一种古已有之的社会活动和文化现象,早在我国殷商时期就已有了演讲的文字记载。《尚书·盘庚》中,盘庚动员臣民迁都的三篇演说辞,便是最早的证明。按照《辞源》的解释,演讲就是"引申阐述"或"讲说"。通常看法认为,演讲就是"在听众面前就某一问题表达自己的意见或阐说某一事理"。它的基本特征:面向大众,阐述己见;出口成章,言之成理。所以,朗读学是演讲学的孪生兄弟,它源于生活中的对话,而不强调对文字脚本的依存。广播电视中主持人所进行的现场报道、现场直播、现场解说、新闻点评、广播讲话等就带有明显的"阐说"的语体特征。

阐说带有理性的特点,它是在叙述和阐发的过程中报道事件的,带有明显的评论色彩。主持人在广播电视节目中会出现在各种场合,报道的目的也不完全相同,但是就节目形式和阐说的内容来分析,大体上会使用以下几种阐说方法。

1. 动态报道

动态报道本来是广播电视记者在新闻发生的现场进行采访和报道的一种形式。动态报道也叫现场报道,是一种边观察、边采访、边口述的报道形式,它的突出特点是现场感强。

动态报道要注意发挥以下语言特点:

(1) 口齿清楚、表达流畅。

(2) 通俗生动、简洁准确。

(3) 明察秋毫、反应机敏。

(4) 情绪饱满、情感真实。

2. 现场解说

现场解说是在现场直播或实况转播的情况下,伴随现场活动的开展进行的解说和评述。主要有现场解说、球赛解说、文艺演出解说等。它与现场报道不同,有自身的特点。

一是与新闻活动在时间上是同步的,它是在事件发生、发展的同时用解释性话语报道现场实况的。这与现场报道有类似之处,所不同的是,现场解说主要是对宏观场面的直播而现场报道兼对有微观动态的报道。

二是现场解说的对象一般不是突发事件而是事前有所组织和安排的活动。需要按照活动程序做些必要的准备，如撰写解说基础稿或提纲，尽可能搜集与活动有关的材料和资料，进行一些事前的采访，制订直播计划，采取一些技术措施，等等。

体育解说与现场解说的性质基本相同，所不同的是体育解说面对的是更多不可预知的因素，赛场的风云千变万化，输赢得失难以预料。所以解说者必须具备丰富的体育知识、临场应变能力以及伶俐的口才。

3. 口头评论

口头评论一般是指记者或主持人在新闻现场，针对某种新闻事实或社会现象即席所做出的评论，在夹叙夹议的表达特点上很类似于"新闻述评"。但是与一般"新闻述评"所不同的是，这种评论往往带有个性特色和口语色彩。口头评论有两种形式：一种是三言两语的"点评"，就是在事件的客观报道后或报道过程中，就新闻事实所发表的随感式的简短言论；另一种就是短评，它是就某种社会现象或新闻事实所发表的较为系统的见解或论述。以主持人身份做出的短评，主要还是随感式、探讨式、启发式、商榷式的，而绝不能居高临下、以势压人。

4. 阐说新闻（也称"说新闻"）

最初人们只是要求把文字稿变成自己说的"话"，"读"起来像"说"的。但是，仅仅满足于"读"得像"说"，显然不是"说新闻"的初衷。广播电视与报刊不同，它在说明新闻事实的同时，还可以阐发新闻价值，使得人们更容易理解新闻的意义。这也正是广播电视新闻所具有的独特优势之一。实践表明，"说新闻"不但是可行的，而且很受大家的欢迎。我们可以看出，"说新闻"实际上就是主持人对新闻事实的一种阐释方式，所以把它说成"阐说新闻"可能更准确一些。要想成为一个优秀的报告员，必须兼有两种能力，一种是能够发现新事物；另一种是能够把所发现的新事物通俗易懂地传达给别人。这两种能力兼而有之的人，也就是既能发现又能传达的人，实际上是很难找到的。

"说新闻"并不简单，不仅要"说"得准确、"说"得客观、"说"得真实，还要"说"得自然、"说"得亲切、"说"得深入浅出……如果说"有稿播读"是一门专业艺术，那么毫无疑问，"阐说新闻"就是一门更深的学问，一门更值得我们探讨的播音艺术。

（三）谈话式播音方法

随着社会的进步和发展，广播电视正在顺应现代社会民主政治建设的需要，越来越多的广播电视节目都在创造一种双向交流的情景。譬如，广播热线电话节目、信箱节目、对话节目以及电视中的谈话节目、嘉宾参与节目、访谈节目等。这一类节目，目前已经成为收听、收视率较高的节目，深受群众的欢迎。当广播电视中出现这样的情景时，必然要求使用相应的谈话语体。

谈话一般都是在和睦、愉快的语言环境中进行的交流活动，俗话说"话不投机半句多"，指的就是无法深入交谈的消极语境。目前广播电视中的谈话形式多种多样，但是大体上可以区分为"访谈""交谈"和"侃谈"三大类。

1. 人物访谈

人物访谈就是采访性的谈话活动。主持人访谈实际上就是由记者采访演变而来的，也就是说当记者采访报道被固定在每个新闻栏目中经常出现时，它就是"主持人访谈"。国内中央电视台的《东方之子》《焦点访谈》和北京电台的《时事对白》等都属于这类访谈。

与一般的采访活动不同，访谈既是记者（主持人）与被采访对象之间的谈话过程，又是一种公开的谈话交流活动。从取方（主持人）对予方（采访对象）的要求来看，予方可以是：一是具有取方所需要的情况或材料；二是愿意谈出这些情况或材料；三是善于表达或传达这些情况或材料。可以把它们简单地表述为，"有情况""愿意谈""善表达"。

从予方对取方的要求来看，采访对象希望从主持人那里知道：一是对方想知道哪方面的情况；二是我的谈话在他那里会引起什么样的反应；三是这次谈话会造成什么样的后果。简言之，希望主持人"要求明""反应灵""交底清"。

理想的访谈活动就是由这六项条件来决定的，缺乏其中的任何一项都会产生障碍，使访谈不能正常进行。其中"有情况"是最重要的一项条件。

2. 深入交谈

如果说访谈是"一对一""取"和"予"的关系，那么交谈就是多方交流、"共享"和"分享"的关系。话题是大家"共享"的，感受是需要"分享"的。没有共享的话题，就会"话不投机半句多"，谈不到一块儿去。感受不能分享，心灵就难以沟通，不能形成交流的氛围。以交谈为主要特征的节目形态就叫谈话类节目。国外把这类节目称为"Talk Show"，按字面直译可以解释为"交谈的展示"。

（1）言遂人意

选择大家共同感兴趣的话题，是"共享"的前提条件。关于选题，它有三个基本的要求：重要性、普遍性、相关性，也有人概括为"群众关心、领导重视、有普遍意义"。

（2）语随境迁

交谈总是在一定的场景中进行，要么在演播室内，要么在演播室外。演播室的环境是刻意布置的，而演播室外的环境是可以选择的。谈话双方对言语形式的采用、对言语内容的理解，都要受到这个场景的影响。这种影响，既有被制约的一面，又有可利用的一面。如何利用语境作用，来改善、提高交谈的效果，是谈话节目不能不考虑的重要问题。

（3）心相照，言相通

成功的交谈不是一场比赛，成功的交谈不过是一种相互满足的语言交际。除了争辩和辩论之类型的交谈外，谈话中不会有谁胜谁负的问题。节目要想形成充分交流和亲切恳谈的氛围，离不开四个重要的因素：真诚相待、充满关爱、善解人意、轻松愉快。这种氛围主要是靠主持人去营造的，但是选择好嘉宾和群众也是不可忽视的重要因素。

3. 随意侃谈

四川成都的茶馆里有一种生活现象叫作"摆龙门阵"，茶馆环境宽松，氛围随意，可站可坐可躺，时时茶水伺候，说者不累，听者不乏，此为"得地利"；茶客多为熟人常客，意趣相向，话必投机，说者有心，听者有意，语笑喧哗，此为"得人和"。天时、地利、人和三者兼得，"龙门阵"自然富聚人气，越摆越火。至于谈话的内容，从来就没有一定之规。想说什么就说什么，碰到什么就是什么。因为说话的目的不是要研究什么问题，解决什么问题，而是要畅叙抒怀。因此，只要说得开心，说得有趣，就行。作为巴蜀文化现象，四川电视台就有一个电视节目叫《天府龙门阵》。无独有偶，《龙门阵》也是重庆电视台推出的以地方方言为主的大型谈话节目。北京人管这种谈话叫"侃大山"，东北人则称之为"拉呱"，南京人则称之为"韶韶"……，其实各地都有类似的语言文化现象，譬如扬州评话、苏州评话中也都带有这样的成分，当地也都在广播电视节目中应用了这种话语方式。这是指那种带有调侃、谐趣、幽默的谈话方式，也可以把它理解为"清谈"。事实上国外电视中早就存在这样一种节目形式。侃谈主要具有如下五个方面的特点。

一是随意漫谈。既不同于目的明确的访谈，又不同于言来语去式的交谈。它可以兴之所至，娓娓道来。只要是大家共同感兴趣的话题，都可以各抒己见，随意调侃。

二是妙趣横生。谈话的焦点一定是大家共同关注的逸闻趣事，谈话以"笑谈"为主。即便是严肃的话题也需要加以"稀释"后，融入诙谐幽默的成分，以适合这种宽松的话语氛围。

三是闲适安逸。这种谈话的环境氛围一定是轻松自然，无拘无束的。人们也只有在紧张的工作之余，才能够有闲情逸致，彼此逗乐，相互调侃，放松身心。

四是会所聚谈。参与这类谈话，一般都会选择适合侃谈的场所，譬如环境幽雅的茶馆、酒店、咖啡馆等公共场所，这些场合比较容易聚集人气，也容易无拘无束地展开话题。来的都是和自己相知相熟的亲朋好友，可以无拘无束，毫无顾忌地畅所欲言。

五是乡音浓郁。方言是一种地域文化现象，非常接近老百姓的日常生活。俚俗方言往往能够传达出我们难以表述的民俗风情。事实上各地的广播电视中已经有了不少这类侃谈的节目形式。

二、主持艺术的创作方法

主持的基本含义在汉语中有多种解释，《辞源》中对"主持"没有专门的注释，只把它看作"掌管"的同位语。《辞海》中则专列条文做了两种解释：负责掌握或处理；犹主张。在社会生活中，"主持"的现象似乎并不少见。譬如，主持会议、主持婚礼、主持晚会，以及主持各类仪式等。但是如果把广播电视主持人理解成主持、掌管节目的人，似乎牵强。因为，主持人在现实广播电视机构中并不一定就是"掌管节目的人"，除非这位主持人仍兼有"节目监制"或"制片人"的职责。"主持人中心制"现在不可能、将来也没有必要成为一种普遍的制度。所以我们认为广播电视主持人需要"掌管"的不是节目，而是传播活动。他是广播电视节目中传播活动的组织协调者。主持人在节目传播活动中所要做的，就是与受众积极交流感受、互相沟通思想，让大家分享和共享信息资源，真正实现信息在传授之间相互通融、通畅、通晓的目标。这就需要讲求传播艺术。从广播电视主持人节目的播出过程来分析，这种传播艺术，主要是对传播关系的调整，再就是对节目流程的控制。传播关系调整的目的是"求通"，而对节目流程的控制的目的则是"求整"。

主持人节目信息要实现"通晓、通畅、通达"的目标，就不能不从两个方面来进行探讨。首先是必须采用得当的方法和手段，然后还要寻觅通达目标的途径。

（一）主持传播的方法

广播电视节目作为一种传播形式，主要存在于大众传播的过程中。主持人节目不同于以往的广播电视节目，是因为它在大众传播的过程中注入了人际交流和互动的因素，从而创造了一种复合形态的传播模式。它的本质特征就是在大众传播的过程中进行信息的接力传承，又在个人（人际）传播的情境中实现有效传播。这种复合形态是一种理想的传播模式。但是，要将人际传播和大众传播媒介成功地结合在一起，就需要技巧和努力。这种传播活动有别于以往的播音创作，它主要是在两个方面着力：一是讲求语言艺术；二是把握非语言传播效果。

1. 语言传播

"脱口秀"原意是指一种以谈话为主的节目形式，后被翻译家按音义结合的方式，译解为"主持人"的代名词。不可否认，主持人传播活动的主要手段就是使用有声语言。所以主持人是需要讲求语言艺术的。过去我们讲求广播语言特点，主要是从遣词用句的口语化特征入手的，在表达上也侧重于对书面语体（文体）的转化形式——朗读的研究，并已形成了播音学科体系。朗读是一种口头语言的功能性变体，不能否认它也是种语言艺术，这种语言艺术也曾经是适应了传统广播电视播出需要的。实践证明，世界上没有哪一家电台、电视台是不需要读稿子的，只要它还具有社会传播的功能，广播电视中的朗读就还会继续存在下去。当然，随着广播电视节目日益丰富，特别是主持人节目的出现，创新语言的表达形式，必然会提到讨论的日程中来。这就需要我们把握更多的口头语体传播形式，譬如，口头报道、现场解说、说新闻、访谈、交谈、侃谈等。应该说它们都是广播电视的语言传播艺术，也是主持人的基本传播手段。把"脱口而出"的表达方法（即所谓的"无稿播音"），引入广播电视语言中加以研究，大概还是近几年的事情。

广播电视的口头语体显然是一个重要的研究领域，也是广播电视摆脱"办报模式"的重要途径。现在我们正在研究并完善这些语言传播手段，并需要在实践中不断加以总结提高。应该说，传播语言的民族化、大众化、规范化仍然是我们所追求的方向。主持人节目是复合传播的节目形态，主持人既要面对"大众""群体"，又需要面对个人。"对什么人说什么话"，既是"语境规约"，又是传播交流方法。所以从传播学的角度来着眼，主要考虑语言是对哪些人说、怎样说的问题。

（1）大众传播中的语言—对大家说

大众传播面对的是大量隐匿的、分散的、身份不确定的受众，面对这样一个庞大的社会群体，进行有效的传播，是件很不容易的事情。我们在寻找大众传播的有效方法时，需要从两个基本的方面来着眼：一是语言信息的抽绎度要低；二是语言信息的冗余度要适当。

语言的抽绎程度有高低之分，抽绎的程度越高，它与具体实际的依存关系越是间接。大众文化对生活的抽绎度低，没有高雅艺术那么精致。但是它最接近普通人的生活，可以最大限度地为人所理解，满足不同受众的需要。可以说，大众传媒是通俗文化生长的土壤和条件。如果以高雅文化来苛求这类媒体，以晦涩为深奥、以矫情为清高，那么就会违背大众传播的自然规律，远离受众的实际需求。有效传播的一个秘密是把一个人的语言保持在听众能够适应的抽象程度上，以便在具体的基础上谈论比较抽象的内容，使读者或听众能够不感困难地从简单熟悉的形象转到抽象的主题或概括上来，并在必要时能够再回到原来的形象上去。寻求合适的抽象程度和抽象数量是我们在使用语言中碰到的一个问题。由此看来，主持人的语言能力不在于说出华丽的辞藻，很重要的就是能否用朴素而通俗的群众语言，来说出深刻的道理。

大众传播媒介被称为"闲暇媒介",因为它总是在人们的闲暇时间内被感受的。或者说是在一种"非专注性"状态中随意收听收看的大众媒介。非专注收受,必然会降低语言信息的清晰度,所以必须适度增加信息的冗余量。冗余度是指超出所需最小量的信息量的大小。语言符号的冗余性特点保证了语言在传播通道发生故障(如字迹模糊、声音嘈杂、吐字不清)时,信息能够继续传递。而且,一定的冗余度还能为暂时遇到理解障碍的受众提供线索,同时还能为检验信息接收效果提供参照系。所以说,"没有冗余度的语言符号缺乏抗干扰性"。应天常先生认为主持人口语表达中,"冗余"主要有四种表现形式:①用同形同义的言语方式传达剩余信息;②用异形同义的言语方式传达剩余信息;③用追加补充的言语方式传达剩余信息;④用不同的言语代码传达剩余信息。作为大众传播中的语用策略,"冗余"是必要的,也是一种口语修辞的手段。现在主持人节目中,已经很少有那种正襟危坐、不苟言笑、字斟句酌的传播现象了。但是词不达意、重复啰唆的现象日渐增多,这与主持人的语言修养不足有关。我们提倡增加语言的冗余度是适度的,也就是说以受众听清楚、听明白为最低限度,而不需要再添枝加叶地增加许多不相关的信息。

近年来,随着电信事业的发展,电子传媒的终端已经延伸到千家万户,特别是彩色电视和调频广播的普及,使人们的休闲活动越来越集中到家庭这个特殊的环境中来了。因此,大众传媒的内容和形式如何适应家庭需求就自然地提到了议事日程上来。我们知道,任何一种语言要较好地起到传神达意的效果,除了内容正确、逻辑分明、语言清晰以外,还必须顺应它所处的语言环境。演讲厅、教室、影剧院、会议厅是比较严肃的公共场合,演说家、演员和教师的语言应该规范、庄重,只有这样才能说服对象,把受众的思想和情绪统一起来。而家庭则是一个自如、舒缓、轻松的环境,在这样一个环境中说话则不必追求庄重规范,而应该力求用亲切、柔和的语气娓娓而谈。说错了怎么办?不怕,纠正过来就行了。重复了呢?也没有关系,重点明确就行,人们恰恰要从这种并不怎么规范的交谈中领略生活的情趣。在日常生活中,如果谁用演说家或教师的口吻和一个家庭中的某人谈话,人们一定觉得可笑,一定会说他刻板迂腐不看对象。同样,在广播电视中,主持人用一板一眼的语言说话,尽管说得字正腔圆,人们也觉得很难接受,甚至很反感。因为这种语言和它所处的环境极不协调。同样,报纸是家庭中、休闲时的印刷媒介,如果报纸的文章也像教科书或理论刊物那样规正、严密,人们也会觉得索然寡味,这同样也是一个阅读环境的问题。

(2)群体传播中的语言——对你们说

这是指那种可以确定范围和对象的公开的交流活动。公开型的群体交流,其内容和形式都是公开的。其讨论的内容完全对外界公开"开放";其讨论形式也允许小组成员以外的其他人员，特别是听众在场或旁听。在现代社会中，这种公开性小组交谈常常与大众交流的形式并存，即让大众媒介公开报道、转播小组交流的全过程或大部分过程。在西方，这种公开性小群体交流有以广播、电视为媒介公开举行的"讨论会""专题座谈""听证会"等。在我国，近年来也开始以电视为传播媒介，举行各种形式的座谈和"对话会"。显而易见，这类交流的目的，在于借助这种讨论使观众、听众获得有关信息。因此，公开型小群体交流除具有一般小群体交流的特性之外，还有其他的特点，如交流环境的开放性，听众、观众的"在场"或间接"在场"，大众传播媒介的介入，等等。既然具有一定的范围和明确的对象，那么它就是一个需要组织起来的受传群体。这个群体是围绕传播者而存在的，所以传播者的吸引力与核心作用就显得十分重要了。在群体传播中"意见领袖"是发挥组织作用和引导作用的核心力量。如果没有这样的人物来支撑，就缺乏凝聚力，群体必然会涣散，传播就会失效。所以主持人能否发挥"意见领袖"的作用，用恰如其分的方式展开话题，来调动群体的参与热情显得十分重要。

2. 非语言传播

非语言手段是传播学的一个概念，它是指除语言以外的一切有意义的传播手段。它们大体上可以分为以下三类。

(1) 环境语言

主持人节目所需要营造的就是那样一种民主交流的氛围和平等对话的语言环境。只有在这样的环境中，"主人"才能春风化雨，"客人"才能感到宾至如归。有了这样的环境，大家也才能知无不言、言无不尽、敞开心扉，充分交流思想。作为传播者的"主人"也必须处在与他人平等的位置上，这样双方才会真正建立起互信、互谅和互敬。一旦形成了这样的关系，也就比较容易取得理想的传播效果——思想的充分交流和信息的充分共享。这样的传播环境和氛围是需要主持人去着力营造的。

主持人节目能否成功往往还与节目情境组织的好坏有关。信息传播的具体情境一般分为物理环境和心理环境。物理环境的组织主要是对选定的演播环境进行精心布置（如悬挂渲染物，准备图片、资料等），创造一个令人愉悦的节目背景；引入适宜的音乐、音响来营造一种意境；根据传播目的设置不同的座次排列方式；利用自然环境（如纪念地、名胜古迹、新闻事件发生地等）来唤起人们的情境感觉；如此等等。所谓"心理环境"主要是指主持人、嘉宾、来宾、受众的心理状态或者说情绪状态。在不同的情绪状态下，节目效果是有一定差别的。凡是在节目中能让人获得"满意"、愉快的情绪体验，都能使节目效果得到强化，而"不满意"的情绪体验则会使这种节目效果受到抑制。

虽然空间和时间是相对应的两个概念，但在现实生活中，它们都是构成环境氛围的两个重要因素。对于时间因素需要考虑的是,不同的时间段选择何种话题更为适切,如"晚间夜话""清晨恳谈""午时闲聊"等;环境因素会使人产生不同的感受,促使人们做出不同的判断;不同的节气、节令会使人们产生不同的联想,引发不同的话题。譬如,"七夕"人们更喜欢以天长地久、悲欢离合等为谈论的话题;中秋佳节则更适宜谈论合家团圆、思亲怀乡等内容;春节则是恭贺新禧的日子等。

总之,良好的心理环境和理想的物理环境的作用既是相互的,又是一致的。它们都对传播效果有不同程度的影响。理想的物理环境会唤起人们兴奋、愉快等肯定性情感,从而形成一种特定的心境状态,而这种心境又会投射到周围的事物上去,可以形成整个节目情景交融的效果。

(2) 体态语言

体态语言是指身姿、手势、表情等,主要以"体语"和"眼语"为主。一般来说,情动于中必形之于外。人的表情、动作、仪态,总是反映着人的某种思想、感情。人的大部分动作就像组成词的字母和音素,是意思表达的组成部分,他把这叫作体语的最小单位表述,这些最小单位结合在一起就组成了体态语言。"体态语言"与人类有声语言(言语)或无声语言(文字)一样都有特定含义。按照体态语言的表达作用,它又可以分成四种:按照民俗习惯和特定语境表达出的象征性体语;对言语进行补充、强调、渲染的说明性体语;显示内心情感的面部表露性体语;暗示某种意味的调整性体语。电视播音员可以有意识地把这些体语在镜头前加以运用。比如,可以用点头、手势等代替自然语言来表达对受众的示意,也可以借助特殊的手势加以辅助,从而起到吸引受众的作用,等等。不同的身体的各种不同的姿态,都传达一定的信息。有的研究者说,至少有一千种不同的体态语言。

一般来说,身体的种种姿态可以传达各种微妙的信息。有专家认为,仅仅是脸部的表情就可以传递55%的信息。我们经常可以通过主持人的脸部表情来读解语言信息的全部含义。一般说来身体的种种姿态都可以传达各种微妙的信息。如微微欠身——谦恭有礼;身体后仰——轻慢或若无其事;侧转身——嫌恶、轻蔑……此外,正襟危坐的姿势叫作严肃坐姿,其余多属于随意坐姿;深坐椅内,腰板挺直,表示傲慢、清高等。人们还认为人与人之间的距离也表明某种含义。因此,主持人采取什么样的姿势采访什么样的对象,达到什么样的宣传效果,是需要认真、细心地加以揣摩并努力去实践的。掌握不好,不仅会贬损主持人的形象,还会传达出错误的信息。

"眉目传情"是体态语言的另一种表达方式。眼睛是灵魂的窗口也是有一定道理的。主持人一是靠语言,二是靠眼神。如果仅仅是背稿,眼神必然是呆滞的。电视播音时,对播音员一般都推出近景特写镜头，因此，一双"会说话的眼睛"尤为重要。一般来说"眼语"应该从注视的时间、方式和方向等方面去解读。准确地理解并熟练地运用目光，便能微妙地表达出内心的思想、意图、情感等种种信息。

(3) 服饰语言

人的穿着、服饰、打扮有时也会表明某种含义。在古代，服饰曾是判断一个人社会地位、职业、身份甚至种族的标志。在今天，这些标志已经不一定可靠了，但是积淀在历史文化传统中的民族习惯、审美情趣，仍然可以通过服饰传达出某些国民气质、时代风尚、文化特色等信息。人的穿着、服饰、打扮有时也会给人以强烈的印象，表明某种含义。在电视屏幕上，我们也常常会看到一些主持人的穿着打扮与环境气氛极不协调，如在地震灾区采访的主持人满身的珠光宝气；身着休闲的服装却在谈着一个严肃的话题；明明是悲哀的时刻却有着亮丽的色彩，这些都显得很不得体。服装和饰物也是传达信息的载体，在特定的传播条件下，具有明确的表情达意功能。

日常生活中，人们也讲究穿着得体。在新闻传播中，更要注意服饰的传播效果。对电视新闻传播者来说，服饰语言的功效和意义在于，它可以提高对受传者的吸引力，特别是可以使劝服性信息的传播达到预期的效果。记者身着什么服饰，要根据具体场合而定，如到矿井里面去采访，最好穿着工装，戴上安全帽；到农村田间采访，最好穿着朴素，不要西装革履，花枝招展。在电视传播中，主持人、记者的服装语言，同样具有吸引受传者注意的作用，对其传播的内容也有辅助性劝服作用，犹如商场里推销时装的推销员经常身着正被推销的时装吆喝。

(二) 主持"求通"的途径

主持人既是信息传播中的媒介人物，又是万众瞩目的公众人物，他所承担的主要社会责任就是沟通受众的认知和感情，协调社会关系，凝聚人心等。所以他是创造和谐社会，营造和睦氛围的重要力量。主持人的传播活动实际上就是一种思想交流和感情沟通。亚里士多德在两千多年前就曾提出一个观点，他认为通过论辩或演说本身（即传播信息本身）说服听众，要感情与理智并用。就是在传播信息时，既要诉诸感情，又要诉诸理性。我们今天的传播实践一次次印证了这个论断的正确性，通常我们采用两种方法：一种是运用理性或逻辑的力量，冷静地摆事实、讲道理，以达到以理服人的目的；另一种是主要通过营造某种情境气氛或声情并茂的动人言辞来感染对方，以取得以情感人的效果。

主持人在节目中只有恪守下列一些基本原则和方法，才能够有效地与受众同道相益，共享信息。

1. 人相知，众相望

社会是人们交互作用的产物。社会是人类进行现实活动的场所，人们在这个场所中，通过扮演各种角色相互交往，形成生活的共同体。人的本质并不是单个人所固有的抽象物。在其现实性上，它是一切社会关系的总和。主持人在家庭生活中和社会生活中所充当的角色是有所区别的，譬如，在家庭中他可能是一个父亲或者儿子；在社会中，他可能是"人类灵魂的工程师""人民公仆""党和人民的喉舌"等。处在不同的社会环境和不同的社会关系中，就需要发挥出各自不同的社会角色作用。既不能用家庭中的角色意识来取代职业角色意识（如"家长作风"等），又不宜用职业角色意识来支配社会关系（如"好为人师"等）。所以主持人必须首先学会正确转换自己的角色。

2. 言相通，心相照

语言是沟通人们思想和感情的重要工具。但是常言道，酒逢知己千杯少，话不投机半句多。人们的言语交流总是在一种特定的关系中进行，关系不融洽，交流就不顺畅。言语是建立这种融洽关系的桥梁，善为说辞显然能够沟通感情，畅达意涵。主持人只有具备这样的语言能力，才能够发挥广泛交流的传播作用。这种语言能力的习得需要遵循这样几项原则。

（1）互敬的原则

按照马斯洛（Abraham H. Maslow）的心理需求理论，受到尊重是人类较高层次的生活需要。相互尊重是文明社会的基本特征，人人都有自尊心，都期望得到别人的认可、赏识和尊重。这种需要的满足，会增强人的自信心和上进心。因此，主持人的语言首先要遵循互敬的原则。

（2）互谅的原则

互谅的原则要求主持人胸怀开阔，宽宏大量，容忍谦让。这种相容的品格在中国自古就被视为人们立身处世的一种美德，如明代朱衮在《观微子》中所说的：君子忍人所不能忍，容人所不能容，处人所不能处。在主持人节目中，特别是各抒己见的谈话节目中，难免会有意见的交锋、观点的争议，有的还会牵涉到个人或团体的利益，如果事无大小，动辄训斥、指责，以针尖对麦芒，心理的距离会越拉越大，话题会越来越谈不拢。

（3）互通的原则

互通的原则要求主持人不要只从个人的意志、心理和需求出发来表情达意，而要多站在别人的角度和处境上，去理解对方的心理与情感、言行与需求，以求得双方一定程度上的价值认同，从而使节目得以顺利进行，达到预期的交流目的和言语效果。这也就是所谓

"换位思考"的基本含义。

（4）互适的原则

俗话说："到什么山唱什么歌，见什么人说什么话。"任何言语交际，都是与某些特定的社会环境、特定的交际对象、特定的交际宗旨联系起来的。主持活动与一切社交活动一样，都是以与对方进行信息、情感交流为目的的双向互动、互补的过程。要达到交流的特定目的，表达者的言语形式要能恰如其分地表情达意，同时交际对象还要能够准确理解、乐于接受。

3. 习相近，趣相投

每个民族都有自己的风俗习惯，这些风俗习惯在特定的时间和空间影响着社会关系的方方面面，主持人的传播活动当然也不例外。而其中对传播影响最大也最直接的是言谈举止间的礼俗传统。中国素称礼仪之邦，所以人际交流中的礼数也特别多，它不但贯穿从见面到分别的全过程，而且涵盖交际的各个方面。

4. 礼相随，情相融

儒家文化是中华民族的主要文化形态，而儒家文化的核心是重视为人之道，即修己安人，锤炼人格，它的标准就是"合礼"。对于礼的实质，孔子在《礼记·仲尼燕居》中说："礼也者，理也。乐也者，节也。君子无理不动，无节不作。"这就是说，在孔子看来，礼就是事情之理性，是不可不遵循的规律，违礼则乱，礼是人们一切行为的准则。他认为礼的运用就在于"和"。有子曰："礼之用，和为贵。先王之道，斯为美。小大由之。有所不行，知和而和，不以礼节之，亦不可行也。"（出自《论语·学而》）和，即和谐、适中、恰如其分。子曰："非礼勿视，非礼勿听，非礼勿言，非礼勿动。"（出自《论语·颜渊》）这"四勿"正体现了这种价值观念。在中国古代，"礼"具有社会政治规范和行为道德规范的双重含义，对维系人际关系十分有益，所以说，"合礼"是中华民族重要的价值观念。因为"礼"是一切行为的规范，那么主持人的传播行为也必须符合"礼"的要求。

5. 意相会，理相同

以上我们所讨论的主要是在汉民族文化圈内的交流问题，然而，在信息化时代，跨文化交流显得越来越重要。我们不仅要学会与本民族人交流思想和情感，还要学会和外国人交流思想和情感。只有通过畅通无阻的跨文化交流，才能实现人与人之间的理解和信赖，才能共享人类文化成果。

第三章　新闻事件的陈述与表达要点

第一节　口语与书面语

一、口语与书面语的概念

口语是相对于书面语而言的，是一种运用有声语言通过口耳交际完成的语言存在形式。书面语是"写给人看的语言"，口语是"说给人听的语言"。可以简单理解为：①有声语言——口语（通过口耳交际完成）；②文字语言——书面语。

书面语有长句子，而口语以短句为主，要生动，要有趣。主持人的口语表达受众比较广泛，在有限的时间内完成的规范化、艺术化的创作，首先要区别于有稿播音，其次要区别于生活中的口语。检验新闻节目主持人口语表达好坏的标准是：主持人的语言能否在有限时间内提供尽可能多的有价值的东西，同时口语表达要做到思路的条理化、心路的情感化。

口语与书面语的特点比较见表3-1。

表3-1　口语表达、新闻节目口语表达与书面语表达的特点比较

书面语表达	口语表达	新闻节目口语表达
从容思考、反复琢磨、想好再写	即兴而谈，现想现说	不断产生刺激——反应刺激；不断产生新想法、新话题；不断调整思路，组织语言
字斟句酌，落笔分析，可进一步修改	语音一闪而过，稍纵即逝	开口就是播讲内容，直播状态下，说出去就收不回来

续表

书面语表达	口语表达	新闻节目口语表达
语法规范，逻辑严密，词语庄重	结构松散，通俗易懂，语言灵活多变	口语对语境依赖性强，交流速度快，环境提供的信息最大，在什么场合说、对什么人说都非常具体。因此，多采用短句、自然句、省略句；词语要生活化，上口入耳容易；语气变化多、停顿多
行文讲究流畅，语句讲究修辞；语势讲究对仗，表达讲究准确	语言和态势语，有特殊的功效	运用丰富多彩的语音、调势、语气、节奏、表情、姿态、手势这些口语的特殊手段来表情达意

二、新闻节目口语表达的特点

"无稿播音"即基本没有文字稿件依据的播音，或称为即兴播音。形式有两种，一是独白性口语，二是对话性口语。它是话筒前的口语活动，是主持人语言的一种不可或缺的重要表达形式。

新闻节目中口语是从内部语言向外部语言转换的，它的要求包括：第一，在有限的时间里，尽可能多地增加语言的信息量。第二，在广大的受众面前，确保新闻信息转化为口语表达，确保高度的准确性。第三，新闻节目的口语不等于生活日常口语的表达。无论何时、何种类型的新闻节目的口语都不能降低到生活口语的水平，而是在交流中"即兴"完成的规范化、艺术化的创作活动。新闻节目的传播特性决定，新闻中的口语具有临场发挥、灵活多变的特点，表达上反应迅速、快捷，语言生动、自然，受众易于接受的优势。但是，在对于在内容和语言上都有极高要求的新闻节目中，口语表达必须一次性完成，容错率极低。

口语表达的总体要求是话语要有分寸，用最恰当的字句，恰如其分、恰到好处地表达客观事物、客观事件；语言要有情感，一般要求是"表情达意"，更高的要求是"言志传神"，二者都需下大功夫，需要先天的资质加之后天的习得。

口语表达要有以情感人的力量，情感最能打动人心；需要主持人是善解人意的人，理解宽容的人，细腻敏感的人；最重要的是会选择有情感色彩的角度进行表达。语言要追求"大巧之朴，浓后之淡"，新闻节目主持人的口语表达更要追求内容丰富，说着顺口，听着顺耳，听过后要记住。好比老舍先生所说的"皮薄，馅多，一咬就破"。

最后一个层面就是口语要有幽默感。主持人要做一个人有智慧的人、自信的人、心理健康的人，才会有幽默感。我们要随时明确观众为什么看我们的节目？是为了找轻松、找愉快。老舍先生曾说过"什么是幽默，就是从山南想到海北"。在大人物面前没有小人物的自卑感，主持人的"慈颜长笑"有气度地对待一切，思维的敏锐性和准确性很重要。

三、主持人的用语特点

主持人语言不是仅反映职业或专业方面的文体的用语特点，更不是强调某个行业规范的"服务用语"。以"人"为支点的主持人语言，是以节目为核心，以受众为服务对象，它是一个主持人思想感情深浅、文化素养高低、审美情趣浓淡，乃至主持人性格特征的具体衡量，是一个主持人能否真诚地把握生活、节目与受众关系的实际体现。同时，语言表达能力更是节目传播特色的重要载体。从主持人节目传播特色，也就是主持人组织传播的中观语境出发，不论何类节目的主持人，在语言运用上都要汲取书面语的精粹和口语方面的特点，新闻节目主持人的书面语能力的培养是非常重要的。

主持人的传播主要是诉诸听觉的有声语言的线性传播，稍纵即逝，因此用于广播电视的语言必须特别注意听众收听时的瞬时接受量的问题，因为如果听众有不理解的地方，是没有机会为他们重播的，所以广播语言一定要层次清楚，结构合理，使用的句子相对简单易懂。此外，书面语纵然有那么多经得起推敲的长处，但是通过动态的声音传播时，书面上美好的字，不一定在口语中也美好，既须字斟句酌，语义明确，还要铿锵悦耳，引人入胜。

然而，主持人节目出现、被关注、受热捧以后，对于主持人"口语化"的提倡，方式上曾经出现了一定的偏差，问题出在把节目的"口语化"跟日常化、生活化、市井化的口语画了等号。最常见的就是在语流中嵌入大量的"啊、吧、呢、吗、那么、那么……，然后、然后……"等零碎字词，让人感到主持人的语言思维推进不畅，用词贫乏，而且故意矫揉造作。主持人语言一旦过于"随意"，内涵必然减少，表达就会苍白无力。主持人节目的口语化并不是指语言的自然状态，而应该是经过细致的打磨、提炼、加工，经得起推敲、琢磨、深思的。

汲取了书面语长处的精粹口语，是经过加工的口语，它摒弃了日常口语的随意性、冗余性、离散性、粗略性等缺陷，既保有口语通俗性、简洁性、明晰性、生动性、灵活性的特点，又兼有书面语规范性、集中性、有序性的长处，上口入耳，入脑入心。

四、提升主持人新闻事件陈述与表达能力的策略

新闻节目中，播音员、主持人口语表达的过程中要做到：第一，准确，即语音标准，吐字清晰；词汇、语法合乎规范，没有语病；内容正确，中心突出。第二，自然流畅，即

语流通畅，前后连贯；语意完整，句式简洁；运用口语，贴近生活。第三，清晰，即语脉清晰，层次井然；逻辑性强，不颠三倒四。第四，生动得体，即语调自然，音量适度，语速恰当，有节奏感；语汇丰富，句式多变，方法多样，有感染力；表达有分寸，根据表达的内容、环境、对象的不同，恰如其分地选择词语的表达方式。

如何提升新闻节目主持人口语能力？首先，提升组织内部语言的能力。内部语言是口语表达的基础和前提。在话筒前迅速、有条理地组织内部语言，使其在临场发挥中即兴产生的语言动机，具有强烈的目的性、鲜明的倾向性、严密的逻辑化。其次，提升组合语言的能力。能将内部语言阶段形成的"语点"，按一定的语法规则，选择恰当的词语，快速地扩展、丰富、编码为完整的句子，顺利完成由"想"到"说"的过程。最后，提升表情达意及调节、整理语言的能力。要具有良好的声音状态、娴熟的发音和语言表达技巧，学会和听者交流，善于及时调节、整理语言。

我们要如何提高口语能力呢？要想说好话，必须会写文章，勤练笔，写完就读，读完再写，不断反复；要大量地背东西，背诵可以把书上的词语段落真正变成自己的东西；要习惯于去复述，学会习惯于用现今的语言系统去复述当日要闻；学会概述，培养自己的概括能力；学会描述，用听众能够听、愿意听、听得生动的语言进行描述；要锻炼听的能力，不会听的人就不会说；要有辨别能力，练耳多，听好的，善于抓住"弦外之音""言外之意"，生动把握语言的脉络。从描述、讲述、情景延续、提问采访、即兴评论、谈话等方面的内容进行训练。

新闻的陈述与表达中主持人的口语表达分为述说类表达和议论类表达两大类。第一大类，述说类表达，指主持人用生动的语言向受众介绍人、事、物、景等具体新闻事物的特征的谈话。述说类表达可分为两大类：介绍人物、介绍事物。介绍新闻中的人物需要详细了解被介绍人的情况，才能筛出最有新闻价值的事情；情况要真实、准确，这样才能使人信服，新闻陈述时一定不要随意夸张、渲染，更不要胡编乱造；新闻事件陈述的时候可以抓住人物外貌、语言、动作、性格等特征，绘声绘色地讲述，给人一种如见其人的感觉，也可以运用恰当的语气表现出恰当的情感色彩。介绍新闻事件中的事物包括四类：第一，介绍新闻事件中的时令、地域的特色，中心是描写景物，通过描述呈现一幅鲜明的图画，抓住时令、地域的概貌和具体景物的特点。第二，介绍新闻事件中某个学习、生活、工作的地方和情况。带有主持人自己的生活体验和对介绍对象的评价性，中心名为介绍某一事物，实为介绍人与人之间的关系，选材要选择体会深刻的事，说起来生动、具体，给人深刻的印象。第三，介绍新闻中的风土人情。中心是介绍地域文化和民族文化，把地方习俗说清楚，进一步是要说得有深度，了解得越深透，说起来越容易。第四，介绍某种具体的事物。介绍的事物要具体，如描述形状、构造、性质、用途等，采用以说明为主的表达方法；介绍的顺序要合理，运用举例、比较、比喻等说明方法，要做到条理清楚，知识具体；介绍的语言要简洁，通俗易懂，即使是专业性强的内容也要用浅显的语言说明。第二大类，议论类表达。主持人议论类表达的目的是让受众接受新闻中的某个观点。主持人需要做到：表达实事求是，持论公允，掌握分寸，对新闻事物进行研究、分析，按本来面貌表达出来，切忌主观片面；观点鲜明、论据有力，明确表达新闻观点，不含混其辞、模棱两可、前后矛盾；要充分说理，联系实际；条理清楚，语言准确。

具体说来，在新闻事件的陈述与表达过程中，首先，主持人在节目前要做好表达的准备，分析理解当天的新闻内容，明确需要表达的目的和中心。比如节目中要陈述的新闻事件要求说人，还是说事；具体说什么样的人；具体说什么范围、什么时间的事。如果新闻需要进行评论，弄清是要评论有关国家、社会的大事，还是有关道德、生活的具体问题。其次，就要认真选择能表现中心思想的材料，选择真实的材料，不可胡编乱选无中生有；真实的材料还可以调动自身真实的情感，使表达自然流畅。还要选择典型的材料，典型的材料具有说服力，能引起听众的兴趣，增强表达的感染力。最后，就是要安排结构了，组织好材料，安排好说话结构。第一，开场白。打开场面，活跃气氛，引起兴趣，具体的方法有：开门见山亮出观点，揭示主题，突出中心；讲述趣闻，提出新奇问题，引人入胜；提出不同观点，发人深思；还可以背诵谚语诗词，活跃气氛。第二，主体。讲述新闻事件，阐明观点，表达思想感情。首先需要条理清晰，逻辑严密，新闻事件的陈述与表达，受众主要是靠听觉来接收的，而听觉的特点是稍纵即逝，没有较长的时间去分析、思考，听的同时完成理解，所以，说话的结构要以较快理解为前提。其次需要波澜起伏，节奏多变。话题谈话要扣人心弦，有吸引力；主体过长或是过宽的范围就很难收尾。第三，结束语。简洁有力，朴实自然，能够留给听众完整、深刻的印象和回味的余地。内容可以总结和概括，也可以是抒发感情或发出号召，但不可没有深度，草草了事将前功尽弃。第四，时间分配要合理。以3分钟的新闻陈述为例，开场白30秒，主体大约1分40秒至2分钟，结束语大致30秒，共计3分钟。不可以在表达过程中，说2分钟了还没有绕到新闻主体上，"过去怎样、曾经怎样⋯"就是不说到具体的事件上，使受众一直没有听到新闻主体内容。

第二节 用事实说话的方法

新闻的基本特点是客观、公正、真实、准确、迅速、及时。新闻必须完全真实，意味着新闻报道要实事求是。新闻报道的事实必须真实，绝对不能凭想象去推测、推理。无论是记者，还是新闻节目主持人，不能把自己的主观想法当成事实，不能把正在发生的事说成已经完成，不能时空错乱地将不同人物的活动集中在同一时期，不能把多人共同完成的事迹归结到想要树立形象的个体身上。新闻报道的事实必须紧贴事实，有时甚至需要采访者抛弃个人的情绪和主观臆断。当然，新闻要求真实，并不是说真实的事实都是新闻，报道新闻要选择有新闻价值的事实进行报道，防止有闻必录的流水账倾向。

任何时候，在新闻的陈述与表达中不能站在一方去贬损另一方，要时刻保持自身的中立。新闻写作必须善于用事实说话，这是基本原则，要学会写新闻，新闻节目主持人也有必要学会这一本领。

一、用事实说话

作为主持人有时候跟记者所报道的范围不同，采写的新闻不同，但有一点是相同的，就是在写作时尽量将新闻报道的目的及新闻的六要素——"5W1H"搞清楚。

消息写作的十条规则是：1. 在你没有理解事件本身之前，不要动笔去写；2. 在你不知道你要说些什么以前，不要动笔去写；3. 要表现，不要陈述；4. 把精彩的引语放在消息的前头；5. 把精彩的实例或逸事放在消息的前头；6. 运用具体名词和富于动作色彩的动词；7. 尽量少用形容词，不要在动词上再用副词；8. 尽量避免自己去做判断和推理，让事实说话；9. 在消息中不要提那些你回答不了的问题；10. 写作要朴实、简洁、诚实、迅速。上述十条新闻写作原则比较具体地提出新闻要用事实说话的方法。

事实上，就是说什么和怎样说的问题。在写作过程中，说什么即是报道的主题和内容，怎样说即是报道方式和技巧。在实践中可做到：第一，新闻要素俱全；第二，要有全局性的概括材料；第三，善于选择和运用典型事实；第四，尽可能描写现场情景；第五，按照事实本身的逻辑去展开新闻。这些写作的经验对于初学写作者来说是十分宝贵的财富。具体到写作方法与技巧，每个新闻人都会有自己的风格，但是基本规则是带有规律性的，违背基本规则，不但做不出好的报道，也难以提高写作水平。

二、新闻的结构形式

新闻的结构形式是在采访时就要反复考虑的重要一环，结构对于一篇新闻稿件起到至关重要的作用。由于长时间的积累，新闻在结构的运用上也形成了相对统一的模式。

（一）倒金字塔式结构

把最重要、最新鲜的事实放在新闻导语里，导语中把最重要的事实放在最前边，导语以后各段按事情内容重要程度排列，形成倒金字塔结构。

这种结构在新闻写作中是经常运用的，其优点是：其一，符合新闻特点。首先是快，可以按事物的重要性排列，分秒必争地发出去，不必在构思上花大工夫。其次是新，第一眼就可以看见最重要的东西，在几秒钟内就可以判断是否可以看下去。最后是短，只有一个事实，省去前因后果的交代。由于不是按时间顺序写，而是按事实重要程度写，就可以省掉许多过程，在较短篇幅里容纳更多的重要事实。

其二，符合受众的需要。不论是看报、看电视还是听广播，它们不同于读书学习，一般是利用零碎时间浏览一下。由于把高潮放在前边，使人在短时间内就可以得到欲知的新闻事实，适合读者心理。读者关心事情的结果、结论，由于在一系列事实中突出精华，可以刺激新闻欲，吸引读者看下去。

其三，有利于编者及时处理。倒金字塔结构比较简单，看了就清楚，随时可以判断能否采用。压缩起来极快，可以从下往上进行删减，留下来就是一条单独新闻。

当然，倒金字塔结构有时也会遇到短板，给写作带来困难，这主要是由于重要的、精彩的在前面，反而后边铺陈叙述的部分就比较平淡。比如，因为结果、结论在前，所以难以反映出事件的曲折与复杂，往往造成标题、导语、主体重复，这点在写作时注意尽量避免；再就是比较生硬呆板，看起来一段一段，事件展开不自然，段落不连贯。

（二）金字塔结构

同倒金字塔相反，金字塔结构往往不是把高潮放在前面，而是放在最后。新闻高潮形成按时间顺序逐步展开，或按情节发展过程逐步展开。金字塔结构的优点是：重要事实在后边，适合故事情节较强的新闻；根据时间顺序、事件顺序安排材料，铺展部分比较广阔、灵活，写起来比较自由、顺手。而缺点也是显而易见的，不便于删减，删减后的内容若不吸引人，受众往往不会选择继续看下去。

（三）平行结构

平行结构是指，在同一条新闻中，有几个同等重要又互相关联的事实需要告诉读者，往往采用平行结构。例如，政府公告、国务院任免事项等，内容同等重要，需要一一告知受众。

（四）悬念结构

悬念结构是从开头设置悬念，对受众有较强吸引力。在新闻中不是大量使用，悬念中的谜底要在新闻中揭晓，不像文字报刊可以留给读者慢慢品读。这种结构在一些新闻特写、法制新闻等类型中也开始越来越多地使用。新闻结构可以借用文学、戏剧、电影、绘画等形式，文无定式，要量体裁衣，不能机械搬用。

结构可以多样化，结构也不是一点不能变化。结构是为主题内容服务的，怎样得心应手，怎样能更好地说明主题，怎样能更好地报道新闻事实就怎样写，不能让固定的格式束缚住手脚。作为新闻写作初学者，还应该多实践各种结构，慢慢才能如鱼得水。在笔者看来，不同的新闻事件或新闻类型都有最为适合的新闻表达结构和表达方式。

第三节 从采访笔记到新闻初稿的过程

这里主要是从新闻从业者的文字表达能力出发，从如何获得叙事性新闻的主题、如何完成新闻人物特写报道、如何用文字表达新闻的技巧、有画面的新闻报道、新闻采写实录几个部分，深入探讨如何从文字写作能力的提升这一条非常重要的路径出发，真正成为一个适应新传媒时代的合格的新闻从业者。

在采访现场拿着笔记本是优秀记者的良好习惯，用来记录现场关键的信息点。而对于初学者而言，最难的事情就是发现新闻细节，并且将这些看似散乱的点连成一条线。要实现这一点就必须有一个转型突破，也就是从现场采访笔记到写出新闻第一稿。要从采访笔记纷繁而错综复杂的新闻要素里提炼重点，赋予陈述的逻辑顺序、表达的结构形式，这并不是一件容易的事。

在采访笔记里，需要记录的不仅是主持人自己的想法和对事物的感觉，也可以包含那些让我们产生这些想法和感觉的东西，也就是关于具体想法和感觉来源信息，甚至是疑问。

更重要的是需要记录较详细的信息，也就是新闻细节。这其中可以包括新闻发生的时间、地点，出现的人物外貌衣着，场所环境内的情况，闻到的气味、听到的声音等，以及其他所有感官印象的细节。当现场观察记录的细节足够多时，会发现这些在新闻写作时都有可能用得上。

特别需要注意的是采访时一定需要记录下对方的姓名、职务，另外在记录下之后一定要让本人核实确认。而这对于时政新闻的记者尤其重要，写错采访对象甚至是重要政治人物的职务和姓名，是新人最常出现、最低级也是最严重的失误。

要在现场努力记录下所有可见、可触、可闻的事实，以及那些我们所感受到的东西。

而有了这些材料摆在面前，就有了完整通向采访者记忆的通路，它可以让新闻现场的主持人想起当时对某个特定事件或者场景的感受是怎样的。

一、获得叙事性新闻的主题

叙事性新闻故事，需要我们抓住一个想法、一个中心主题，然后努力通过细节去充实它、丰富它，并且发展成一个相对完整的故事，通过这个故事讲出我们今天生活方式的片段。

虽然新闻来自具体的事件，主要内容不由记者决定，但是新闻人有时也会参与到事件的进展当中，在细节和内容不断丰富的过程中，主题就有可能发生偏移和模糊。所以要把叙事性的内容写好，就必须在创作中反复问自己一个问题：这个故事究竟要讲什么？通过反复的发问来理清主线，剥离掉与核心主题相对次要的细节元素。

对事件强大的好奇心是推动记者采访写作的原动力。好奇心能产生创造性，当然这种创造性不是与客观事实产生差异，不是虚构人物、编造人物性格，也不是随意改编事件的真实的信息，通过自己的脚力、眼力、脑力、笔力来调研采访，与处在事件中的人建立关系来了解真实的生活。到了最后，你会从陌生到了解，把对方的生活变成了自己经历的一部分。

作为新闻人，需要走进现场，或者在一些与地方风物和美食相关的报道中，你要去闻、去尝、去倾听人们之间的对话，或者去观察他们的肢体语言，去和那些将要走进你报道中的人眼对眼、面对面。而反面教材毫无疑问就是新闻人过度地参与，甚至成为新闻事件的"导演"去摆拍。

有时需要跟着受访者出行、走路、吃饭、工作。如果恰好受访者有一些日常的工作安排，那就不妨跟着这个安排去走，这往往会给你带来意想不到的惊喜，激发你想到之前绝不会想要问的问题。当然有时你会遇到障碍，可能采访对象的表达能力较差，或者因为紧张而思路打结，这时电视柜旁的照片或是生活中的物品可能就会成为打开记忆和思绪的钥匙，也能成为你的切入点，为你的新闻增添素材。

在采访中，要考虑是不是有什么事已经发生，而我们已经无法回到那个特定的现场。如果有，那就试着把目光转移到过去，看看这些已经发生的事对于当下的现状是否产生了影响，并关注这些重要的事情在当下产生的后果，看看你眼前的人在事件发生时所做出的"抉择"，并把它展现出来。弄清他在这个决定之前经历了什么，在做出决定之后获得了什么，又失去了什么。因为正是这些经历才使你眼前的这个人成为现在的样子。

案例分析：

排雷英雄杜富国

2018年10月11日下午，麻栗坡县猛硐瑶族乡老山，战士杜富国和艾岩脸上挂满细密的汗水，此刻正在全神贯注地进行扫雷作业。这时两人发现少部分露于地表的一个弹体，初步判断是一颗当量大、危险性高的加重手榴弹。接到指示后，27岁当兵8年的杜富国以老兵的勇气和担当，命令战友说："你退后，让我来。"

然而，就在"排雷高手"杜富国刚刚清理浮土的时候，随着"轰"的一声巨响，他下意识地扑向艾岩，随即倒在血泊之中。经过医生紧急抢救，杜富国保住了生命，却永远失去了双手和双眼。那颗地雷，给杜富国带来不仅是身体的伤害，更是心灵上的重击。

面对突然漆黑一片的世界，以及身体的残缺，杜富国也曾在一个个黑夜任由泪水湿透头枕。在康复训练中，杜富国洒下了多少汗水，承受了多少痛苦，战胜了多少困难，只有他最清楚。杜富国不改英雄本色，就像他在雷场上一样，以超乎寻常的毅力，实现了自我超越。

杜富国来自革命老区贵州遵义的农村，父母都是地道的农民，家境并不富裕。杜富国的先进事迹，被人民日报、新闻联播等媒体报道后，感动了每一个中国人。他先后荣立个人一等功，获得"全国自强模范""时代楷模""感动中国十大人物""四有"新时代革命军人标兵等称号。

有许多记者采过杜富国时，面前都出现了一个跨越不了的问题：你是怎么伤的？并花了大量的文笔来重点塑造他坚忍顽强的英雄形象。如此报道没有问题，但是却失了新闻的新意。而央视的记者把杜富国从一个英雄还原回了一个普通的战士的模样。

新闻案例：新闻联播稿件《杜富国：从排雷英雄到生活强者》导语：在云南边境扫雷时为保护战友失去双眼、双手的杜富国，一年来凭借惊人的勇气和毅力坚持康复训练，努力让自己实现生活自理。一起来看看他现在的状况。

（杜富国使用假肢抓取苹果）

【现场声】力道掌握得很好。

解说：每当有客人来，热心的杜富国都要亲手递上一杯产自家乡的绿茶。对于端杯送茶这样的小事，杜富国现在要像婴儿学步一样，从头学起。

【同期声】陆军军医大学西南医院康复科主任刘宏亮：来的时候他的目标期望值是很高的，但是现实是很残酷的。

几十次手术，杜富国像在雷场上那样，以巨大的心理承受能力和超乎寻常的毅力闯过一道道难关。

【同期声】陆军军医大学西南医院康复科护工许继红：他来的时候还是坐着轮椅，现在可以跑3公里、5公里、10公里，这个变化还是很大的。

【同期声】杜富国：不会穿衣、不会上厕所、不会洗漱，这些到现在都在渐渐地学会，而且最近我还学会了自己一个人叠被子。

然而更难的是，双目失明，无法控制假肢的力道和位置，且假肢也只能完成约15%的功能，日常生活还得靠残肢来完成，杜富国不想给别人增添哪怕一点点的负担。

【同期声】杜富国：觉得我自己能够做到是一个成就感，非常开心，非常快乐。

虽然命运把杜富国的视觉和触觉通道无情地关闭了，但他还是努力地与这个缤纷多彩的世界保持着紧密联系，用平板电脑中的盲人提示系统与战友们微信联系，成了杜富国最开心的事。

【同期声】杜富国的母亲李合兰：（杜富国）也不是什么英雄，他就是我们的孩子，看到他康复的过程，训练一遍又一遍那么辛苦，他都不放弃，坚强地生活。

【同期声】杜富国：自己从这种生离死别的痛苦中挣扎出来，成长起来，哪怕我摔倒了，我都不会要你扶我，就是要自己站起来。

在采访中记者需要激发自己对采访对象的好奇心，即便我们已经知道一部分，但还想知道更多，所以采访中就不是一无所知地发问，而是要尝试能不能在已知材料的基础上，产生新的问题。就像在这篇报道中，观众对于新闻事件和新闻人物已经有了较多了解，那么接下来就需要去挖掘其他的闪光点。比如在采访中，记者通过画面细节和杜富国母亲及医生的讲述，展现为什么他能说出那句"你退后，让我来"。

如今，那片发生爆炸的土地已经变得宁静，当地老乡们已经迫不及待地种上了庄稼，也正是出于对老百姓的苦感同身受，所以杜富国才会有那么强的责任心。他是个有英雄情结的男孩，喜欢看战争电影，自律性极强。他想要成为英雄，曾表达过自己生活在和平年代，那就要去到最危险的地方。虽然成为英雄之后收到了各方的嘉奖和荣誉，但对于一个战士来说，他最终还是会还原成生活中的普通人，既然如此，就需要抓住一个问题：如何面对回到普通人的日常生活？

在其他的报道中，也有记者选择让杜富国变成节目中的"主持人"，展现他日常工作中接触的事情，并回答网友的提问，比如为什么不用机器人扫雷，是不是我们的装备落后等。

而在考虑到新闻故事的完整度时，作为记者，需要考虑要写的这篇新闻究竟是在一个单一场景中就能完成，还是描写一天中的事，或者是描写一个人物某一个人生阶段的事。不同的设定对于需要画面素材的数量会有不同，新闻内容丰富度也会大有不同。

每次采访完，一定要再想想还能去采访谁。不论是社会新闻还是时政新闻，不管是什么主题，你手头的材料越多越好。你做的分析和报道越多，你发出的声音就越是具有真实感和价值。

对于事件亲历者的受访者而言，有了这些人生经历之后，他是不是明白了些什么，是不是对某些事有了顿悟，又或者比以前感到更加困惑了？在这一段经历结束之后，他们到底意识到了什么？我们讲这些新闻故事，那么这些故事本身究竟有什么重要的呢？回答这些问题的过程，往往就是厘清思路、接近事件核心的过程。

这些故事中往往都蕴含着普适性的真理，哪怕这些已经司空见惯，也许是对爱的执着、也许是对国家的付出、也许是对家人的呵护。但是在这种普适性真理的思考的过程中，也就能把自身的主题放到整体的框架里，这时我们之前所收集观察的信息就不再是一盘散沙，而你的主题也使得你的故事不再仅仅局限于某一个人，而是变成了某种人人都能理解和感受的象征性的符号。

二、完成新闻人物特写报道的方法

故事来源于人，一个地域的气质，最终会凝结在人身上。新闻人物特写就是要把握住人物的个性，从外在进行描述并对他们的行为动机和选择做出解释。

如何完成新闻人物特写报道？应该考虑这个人的特征是什么，他身上有哪些新闻点。关注到他，肯定是他做了某些让人印象深刻的事情，那么他的动机又是什么？他的价值观又是怎样形成的？他平时的生活方式是怎样的？这些都能在你想要述说的事件之外，要让一个活生生的人更加丰满地出现在稿件当中。

对于写作，尤其是人物写作，最终要的还是生动的细节，这些细节来源于他的言行举止。当然，在初入职场时，会发现自己观察到的细节常常会被编辑大段大段地删去，当时会和编辑进行沟通，之所以会有这样的情况出现，往往是因为这些细节之间缺乏相关性，而你也没有在表达中把这些细节统一到主题中。

要一直采访，直到抓到了必要的细节。比如，手术室外的空气中飘着浓重的消毒水的气味，一个扎着马尾的女人，穿着红色的呢子大衣坐在了冷冰冰的椅子上，眼神里满是惶恐。以上这些内容可以作为新闻中记者观察到的细节，但是当这些细节无法统一并且服务于一个核心的主题时，这些细节的堆叠也就全部变成了毫无价值的流水账。

在现场听到的、看到的、触碰到的、闻到的以及品尝到的东西，能够帮助人构建起真实而强烈的场景，这些具体的场景会给观众或读者带来一种由你营造的场合感。当然，你可以把丰富的细节写进初稿，完成初稿之后再根据新闻最终需要呈现的时长和所要展现的主题来删减掉相对次要的细节要素。

一个好的人物故事，往往具有特殊的人物和宏大的主题。特殊的人物给故事注入情感，让观众能够看到具体的人，并对他们的情感感同身受；而宏大普世的主题又能超越平凡，让你想要传递的价值观得到升华。阅读人物故事的过程就像是在爬一棵树，从最底端开始呈现的是具体的细节，攀爬到顶部之后枝繁叶茂的部分是升华的表达，是一种概况。我们要做的就是在底部找出细节、举出例子，最后在顶端表达意义与价值。

即便是作为文字记者，也要学会像摄影师一样去思考，要用眼睛更换不同的角度去看，绕着桌子更换不同的位置去思考。跟着采访对象不断移动，改变观察的视角，同时保持安静，尽量不要打断事件本身的进展。看见陌生的面孔带着摄像机出现在自己熟悉的生活环境，大部分受访者都会感觉到些许的不自在。有时甚至会主动要求，说自己应该如何"表演"，当然这些都是应当尽力避免的。而在采访的一开始，主持人需要提醒采访对象，工作人员会跟他们保持一定的距离。慢慢地，当采访对象重新融入自己熟悉的环境之后，接下来的拍摄就会变得水到渠成。

采访中，允许他们的语法、词汇和生活俚语在稿件中出现，把这些东西运用到所需要的故事里去，这些带有地方色彩和个性化表达的语句能轻易地把人带入那个特殊的语境。

在新闻写作中提醒自己，我们要写的既不是一个正面的故事，也不是一个负面的故事，就是一个故事，与生活有关的故事。要讲述一个已经形成的文化，就必须理解它的历史以及它和这片土地之间一直延续未断的关系。对于初学者来说，在学习新闻故事的写作和采访的过程中，必须找到自己理解和学习的办法，找到属于自己擅长的写作领域，同时避免犯自己犯过错。

做人物特写报道时，需要关注的不仅仅是眼前的"主角"，同时还要注意到他身边还有什么人、他们之间的互动是怎么样的、谁又能为你的报道带来哪些细节和灵感、在这些人中谁影响了"主角"的关键性时刻。这些人都是新闻工作者要去重点关注的。

报道的对象想要达到什么目标，每一个精彩的故事，都在表现一种寻求。这种寻求很纯粹，可能是养家糊口，可能是奉献自己帮助他人，也可能仅仅是为了摆脱无聊，或者只是为了赚钱或者实现什么目标。你的故事中都有一个有所求的主角，他必须历经各种各样的障碍才能最终达到自己的目标，从而获得变化或成长。

人物写作往往是以人为主轴的、谈论生活的故事。在写作手法上，一般在介绍人物的时候，通常会有两种做法，一种是辞典式的介绍，一种是相亲式的介绍，这两种做法效果都不太好。

辞典式的介绍就是堆砌一些形容词，比如这个人"可爱、善良、勇敢、机智"；不然就说四个字的词，说这个人"聪明绝顶、人美心善"。比如介绍医生就说兢兢业业，介绍扶贫干部就是任劳任怨，讲述警察就是起早贪黑、夜以继日，等等。当然，还有一些新闻语言已经成为网络当中流行的"梗"，例如，这突如其来的变故让这个本不富裕的家庭雪上加霜；眼前的一切组成了一道亮丽的风景线；等等。

这些表达方式在现在的观众心中早已成为陈词滥调，并且你会发现这些词几乎放之四海而皆准，似乎套在谁身上都能用。既然如此，这些表达又如何能体现出你眼前这个采访对象和新闻事件的特殊性和重要性呢？

还有一种文字类似于相亲、应聘一般，也就是罗列数据、学历、工作、年龄等。就比如说，我想介绍一个人，她在云南大学念本科，后来考到清华大学，获得了清华大学的法学博士。她钢琴十分厉害，曾经获得过某年度钢琴比赛金奖。

一般来说，我们是不是都会这样介绍？可是，听完这段介绍，你得到了什么呢？你只得到了一堆标签。

职业编剧在写剧本的时候常用一种方法，英文原文叫作"Show, don't tell."，翻译成中文就是"要演，不要讲"。也就是将你想要表达的人物特质通过他的言行展现出来。

比如，说某个人性子急躁，这就是在"讲"；而如果我说，"这个人，去餐厅吃饭的时候，每次菜刚上桌，盘子都还没放稳呢，他的筷子就伸出去抢着夹菜了"，这种说法就是"演"，也就是把能够体现出一个人个性的"画面"讲述出来。

也就是说，一个人物的行为会说话，他的选择也会说话。只要你讲出了一个人的行为和选择，你不需要帮助受众去总结判断，受众自然也会心领神会。那具体来说，要怎样运用演的技巧呢？必须强调当事人的行为和选择。

比如，想要描述三个人好胜心强，会怎么说呢？如果只是重复说"小明好胜心很强，小红好胜心很强，小军好胜心也很强"，这就没意思了。而如果我们用演的方法，分享这三个人好胜心强的片段给你听，就能让受众感受到，同样都叫好胜，也有不同的面貌。

在进行新闻人物特写报道的时候，在描述人物的时候经常要靠"演一段"。用这些人的生活片段，或者思考他们做的行为、抉择，才能还原人物的全貌，表现出人物的生命力。

三、用文字表达新闻的技巧

广播电视新闻写作一般遵循四个原则：简洁、清楚、准确、口语化。任何情况下，能称得上"优秀"的文字表达，都能够读起来顺口，听起来自然，总体上给人一种简洁明快、流畅自然的感觉。尤其是社会新闻，我们会发现文字写作上更加贴近实际、贴近生活、贴近群众。

相比于纸质媒体纯文字类的新闻稿，广播电视新闻写作的自由度相对更小，受到很多的限制。表面看起来一条一分多钟的简讯，加上同期声一共几百个字，看起来没什么深奥的内容，也没有华丽的修饰，但是写作起来需要考虑到许多因素，比如画面、同期声、现场声、字幕等。有时候为了对事件进行必要的解释，文字数量就得增加，但是节目时长有限，这就需要在讲清楚的同时，语言上又要简练无误。另外，还要考虑如何与文字形成整体，一段文字应该写多长合适，哪些同期声内容适合转化为文字，等等。

在与一些有经验的记者交流中，会发现他们在采访的过程中已经在脑海中"剪好"了同期。一般记者采访一位重要的采访对象，可能整个采访过程需要几分钟甚至十几分钟，但是最终呈现在新闻中，观众看到采访对象的时间可能只有几十秒，甚至更短。在采访中，记者在听采访对象回答提问的过程中就已经在考虑哪一句是要剪出来作为同期声使用，而哪些信息是要转化为文字信息的。别小看了这个能力，往往最开始进行新闻写作时，很多新手会选择把所有的采访内容全部转成文字再逐一进行挑选，这就会造成工作量倍增，甚至无法按时交稿。

四、有画面的新闻报道

这个部分的新闻报道仅讨论新闻产生的第一步创作，即文字稿件的生成；而二度创作，有声语言的新闻报道，不在这个部分讨论。

（一）文字和画面对位

文字和画面对位是新闻报道最基本的要求，然而稍不留神就会导致文字和画面两张皮，无法做到统一，仿佛是各说各话一般。那么如何避免这种情况呢？

一般情况下，都是记者先撰写文字，再由摄像编辑画面。当然在新闻采访现场，以车祸为例，摄像会至少拍摄远、全、中、近、特几组镜头，而记者在现场了解信息时就已经在脑海中构思文字，当确定要在新闻中展现一些特定的细节时，就需要与摄像进行沟通，告诉摄像自己对于稿件的构思，其中会展现哪些细节，并设想画面的构成内容。

另一种情况是根据画面来撰写文字，这种情况一般会出现在市民随手拍摄的新闻事件，或是各个地方部门通讯员上传到电视台的新闻内容中。地方通讯员一般会写好一个要素相对齐全的通稿，配上其拍摄的现场画面。虽然有了通稿，一般情况下还是需要记者按照电视新闻要求进行改写，再从画面中挖掘细节进行文字上的丰富。

第三种情况是，新闻记者在拍摄一些特定的新闻时，可以预先进行脚本和提纲的写作。这时如果需要资料画面的内容，那么摄像编辑就可以提前准备，甚至做到一边编辑一边写稿，如此一来，如果新闻需要抢时效性，那么新闻后期制作就能做到游刃有余。

（二）画面与文字相辅相成

有新闻画面的文字写作表面上看似乎只是把画面转化成文字，有时不太严谨，也不能像纯文字类媒体淋漓尽致地将所有的内容全部用文字表达。这也说明新闻画面与文字写作要达到高标准的不易。

作为新闻从业者，必须学会"写画面"，头脑中首先要清楚，自己写的文字，配上新闻画面在屏幕上起什么作用。

写画面，简单地讲，就是当屏幕上出现画面时，文字就要尽快说明、解释画面展示的特定内容。画面本身虽具有视觉形象，能够"自己说话"，但它仍然受到自身特性的局限。

以火灾现场为例，画面上看就是一座房子被烧着了。但是火势大小、伤亡损失的情况、火灾发生的过程及原因等信息是无法直接通过画面传达给观众的。而事件中的细节，更需要记者在现场观察，让自己成为观众的眼、耳、鼻、舌、身来进行信息的传递。

任何事物都是有利有弊、有长有短的。我们具体地分析一下新闻画面的缺陷，同时一起来寻找一下弥补的办法。

第一，画面难以表现物复杂的内心活动，必须通过文字或人物自己说话来表露。

第二，画面对未拍摄到的已经发生的事件，不能够以鲜活形象方式再现。为了体现现场感，可以拍摄事件过后的现场环境加以补救，或让当事人讲述来增加可信性并用文字解说加以分析、解释。这时，文字就成为新闻非常重要的表现元素。

第三，画面对展示未来、回忆过去受到限制。在没有图像资料的情况下，记者可以让人物借以自说的方式来回顾，如果人物无法上电视说话或者人物的讲述需要压缩、概括、提炼，那只能借助于文字表现。通常的做法是，拍摄一些与过去有关联的画面或笼统的画面，配上解说进行回忆、讲述。

第四，画面对缺少行动，没有形象特征的事物难以生动地表现。这些报道内容完全用口播报道过于死板冗长，多数情况下采取画面、图表、字幕、讲话、解说相结合的方式加以报道。这时，新闻要依靠解说来组织结构、承上启下，甚至表述主要内容。

第五，画面对新闻要素的具体交代受到限定，新闻中的"5W"常常要用文字说明、解释、介绍。如果人物在活动，且不用同期声，那就一定要用文字解说来交代地点环境、事件发展，事件的原因则更需文字解说来补充说明。

第四节 新闻事件陈述与表达实操技巧

艺术的本质是实践。新闻事件的陈述与表达在实际操作中,主要进行的是人、事的叙述,指的是人物讲述和事物的表述。上一节讲了从采访笔记到新闻初稿,下面需要论述新闻评论节目主持人要在人、事叙述上能力提升具体的做法。

一、建立独特的语言风格

主持是一种传播手段。主持人的表达具有口语传播和口语交流的特点,媒体运用主持人样式的节目,其目的就是为了更加吸引受众而提高传播效果。在新闻的陈述与表达中,主持人主持节目不靠唱、不靠跳,靠的是说。陈述与表达的语言形式逻辑是主持人可以通过训练不断提升的,最终呈现出自身所用的言语组织过程中的思维方法。正因为主持人的言语组织最终呈现出的不是写给别人看的,而是通过新闻节目中的陈述与表达说给别人听的,所以只有主持人的陈述表达方式生动形象,内容才能富有吸引力和感染力。主持人在面对特定的新闻语境进行表达创造的过程中,要让句式与词语建立多种关系,使得每句话的表现运用恰当,使得每句话的语形更加鲜明,人、事叙述才更显得特别。

没有独到的语感、语流的主持人是不可能形成如此习惯性的生动形象的口语叙述和言语组织技巧的。

在新闻节目中陈述与表达建立起为什么说—说什么—怎样说的思维逻辑,运用语法逻辑与语气、语调,清楚地表述思想目的,准确表达思想感情任务,都需要由主持人的独特的叙述风格和情感特色来体现。

主持人在新闻事件的陈述与表达中其实是进行再创造,既要表现出再造想象更要表现出创造想象,因此,选取新闻事件叙述的角度尤为重要,选取独特的角度表达,能让主持人的言语组织有深度、有力度。

当然,排除节目设置的诸多客观因素,作为主持人在节目中、在新闻现场要说多少个开场白、多少个串联词、多少个结束语,主持人要时时、事事、处处建立其语言表达的吸引意识;要选取独特的角度让语言组织出深度,选择多彩的细节上让语言焕发出生命,在流畅中出智、出彩、出情、出趣。

读者可以进行以下训练:

按时间、人物、事件的门类对应三个关键词,三人一组面对同一组词,比如春节、姥姥、包饺子，当众思考一分钟后进行一分钟的即兴口语表达。"三人行必有我师"，出众者自我阐述之后再由老师点评；每三个人为一个小组根据老师当场出的新词组并加大词组间的关联难度，比如词语改为：一场演出、一束鲜花、一个足球，进行轮番演练。这组词可以是有关联的，然后提高难度进入到无关联的，让大家从关联当中又建立起新的逻辑。

二、表达立论点的三个层面

主持艺术的体现主要是靠主持人在节目中"说"出来的。从严格意义上讲，新闻的陈述与表达中都是或多或少地存在主持人的态度，不会表达态度的节目主持人不可能是优秀的。在新闻的表达过程中对某一事物或者问题的发表观点和看法，任何新闻事件的语境其论点往往具有多义性，所以主持人的表达既要快速立论，又要巧妙地选择表达方法。立论是指议论的利益和观点，表达的方法有三个层面：宕开一笔、转述一言、收拢一句。

宕开一笔主要是指主持人对话题边介绍边议论，漫谈他事然后渐入主题。转述一言主要是指主持人借用话题所提供的内容而进入论点展开表达的一种方法。收拢一句是指主持人通过新闻事件内容直接概括出一句精练的理念性的语言，使之前的表达得到升华。

需要强调的是：第一，宕开一笔中的"宕开"就是主持人确立论点进行表达的思路切入点，是主持人围绕新闻话题中心，调动积累然后再展开联想；转述一言中的"转述"同样是主持人围绕话题中心，并依据新闻内容而客观截取的。第二，宕开一笔带有一种扩展性，它是培养主持人的联想能力、想象能力、分析能力为目的议论技巧，宕开一笔的表达方法要语言生动、形象、活泼；转述一言则是具有一种概括性，它是一种培养主持人截取能力、化解能力、浓缩能力为目的的表达技巧，转述一言的表达要求语言准确、简洁、灵活。第三，收拢一句属于主持人评论中短句点评的范畴，在提问与问答对话的议论中占有很大的份额与分量，尽显主持人议论功底，学会收拢一句对主持人进行评论性的表达将起到画龙点睛的作用。

主持人的表达不要将叙事与说理截然分开，事、理、情应该融为一体；在新闻的陈述中虽然不是句句评论，但评论却又是无处不在，评论既可以用于节目开首、结尾，又可以用在主持中夹叙夹议，还可在提问答问上引申、衔接。

主持人在新闻陈述中的议论总是结合新闻事件、新闻人物有感而发的，需要引起受众的注意和重视；不能空泛地议论，将事、理、情有量有度地结合，在新闻的陈述表达中才能够恰到好处。

主持人在节目中的表达，要把对生活的感受、对人生的看法化成自己具体的真实感，靠真情来感染受众，靠实感来吸引受众。主持人的议论在新闻事件的陈述与表达中起着升华主题、画龙点睛的独特作用——寓理于事、理中有情。而精彩的议论常常赋予内容以理性的色彩、智慧的闪光，增强了节目的说服力；精彩的议论贵在抒发引导，给人以更多的思索、更深的启悟，升华了节目的高品位。

读者可以进行以下训练：

看图说话，选择一些情节性的新闻图片，提出主题，三人一组，思考两分钟后进行一分钟的当场陈述表达+议论，先一事一议，再夹叙夹议，可以老师命题后，再自我命题，并加大图片的内容难度。

三、建立适合新闻节目的语言体系

在生活中，书面语是通过手写、眼看来传递信息的，口语是通过口说、耳听进行沟通交流的。文有文本，字有字体，语有语体，主持人说话应该考虑语体。那么什么是语体？语体是人们为了适应不同的交际功能，并经过有目的的选择与组合而形成的一种系统的语言表达体式。何为主持人节目口语体？主持人为了适应表达目的与任务的需要，在节目中对语言的使用有着特定的要求而形成一种当众表达的语体，称为"主持人节目口语体"，这种口语体又称为"言说体"。

主持人在新闻节目的表达过程中要掌握并运用口语语体，要弄清楚语体整体主基调所应有的特征，即为：一方面，把新闻事件中抽象的东西变为口语中具体的表述，运用语言把静止的事物变成活动的，陈述与表达的时候把内在性质的东西变成外观可感的内容，即为"生动+形象"。另一方面，新闻事件的陈述与表达语体是介于日常生活口语与书面语之间的，是在受众接受心理的审美需求习惯的制约下，把日常生活中的口语与表现文字功底的书面语进行有选择性的组合，而产生符合新闻接受习惯的有机的融合语言，即为"流畅+文采"。

康辉在《主播说联播》第一期节目中的表达，很好地表现了新闻节目主持人口语+书面语的语言功力。

大家好，今天《新闻联播》的抖音号正式开通了。《新闻联播》开播到今年41年了，常听一些年轻人说，《新闻联播》那是爷爷奶奶爸爸妈妈才看的节目，可现在有些人是不是有点"打脸"了？因为最近，真的很多年轻的朋友粉了《联播》，说《新闻联播》越来越硬核。早知道《联播》这么好看，谁还追剧啊？真的要谢谢大家这么夸张的关注。不过真心话，《新闻联播》值得您期待。这里不是只有　人，这里有足够的理智与情感，有爱憎分明的事实和言论，这里有真正的中国，在这儿你能看到真正追求进步美好的中国人。所以，关注《新闻联播》吧，关注《联播》的抖音号，我们一起抖起来，一起上热搜。

在这短短的268个字，无处不显出主持人康辉对节目主持口语语体的纯挚而又老道的驾驭能力以及紧跟时下热词又不落入俗套的思想智慧。

在新闻节目中主持人的语体风格、语用规律是具有相对性的，原因是新闻本身的内容活动是具有动态性的，主持人语言是处在变化之中，在不同新闻中进行言语组织与表达的是有着不同表达方式的。当下，新闻节目类型丰富、多变，新闻内容时效性强，新闻节目本身还有着各自不同的节目定位与语言风格，不同类型节目有着不同类型的语言表达风格，就是在同一个节目中不同的主持人语言风格也有着多种个性表达的选择与表现。

一个优秀的新闻节目主持人在言语组织与口语表达中只有抓住适合新闻节目主持人的语言体系特征这个总体主基调，在找准风格与定位的节目中，去面对不同的新闻语境，契合广大受众的接受心理，才能产生既富有语言个性，又合适得体的语言风格。

读者可以进行以下训练：

20人整体，5人一组。第一步：各组预先拿到命题，如"旅与行"，每人用文字书写出长约30秒钟的一段书面体、一段口语体和一段主持人的言说体，可以用PPT放大，当众朗读。第二步，老师当场命题，如"生与活"，准备3分钟后，每人分别用书面体、口语体、言说体当众表达。训练目的是前期训练一文三体，后期进步到一语三体的训练。经过长期训练，新闻节目主持人对新闻事件的陈述与表达口语体系自然形成。

第四章 新闻播音与主持的有声语言创作

第一节 普通话语音

一、普通话基础知识

普通话是以北京语音为标准音，以北方方言为基础方言，以典范的现代白话文著作为语法规范的现代汉民族共同语。中华人民共和国要求广播电台和电视台以普通话为播音用语，播音员和节目主持人的普通话水平要达到一级，其中国家级和省级广播电台、电视台的播音员、节目主持人的普通话水平应达到一级甲等。

（一）普通话语音特点

普通话的特点是简单、清楚、表达力强，主要表现在以下五个方面。

1. 北京语音音系比较简单，音节结构形式较少。

2. 音节中元音占优势，清声母多，听觉上感到清脆、响亮。

3. 声调系统比较简单，变化鲜明，四个声调的调值高音成分多，低音成分少，使语音清亮、高扬，且具有高低抑扬的音乐色彩。

4. 音节之间区分鲜明，使语音具有节奏感。

5. 词语的双音节化，词的轻重格式的区分以及轻声、儿化的使用使语言表达作用更加准确、丰富。

（二）方言及地方口音

普通话的规范程度通常称为语音面貌。良好的语音面貌是语言传播工作的前提，以保证信息传播的准确与通畅。我国是多方言国家，幅员辽阔，各地区方言在语音、词语方面差异很大。作为在媒体上发布的语音信号,必须准确规范,无论是播音员、主播、记者型主持人还是评论员,语音面貌必须规范。因此,作为新闻节目主持人,必须具备良好的普通话语音面貌。

1. 方言

方言在非正式用法中,表示一种既基于地域差别又基于社会地位不同而产生的特殊语言,是一种在发音、用法和语法结构上与理论上的标准语言有明显变化的语言。通常认为方言既与地理位置的不同有关,也与说话者的社会地位造成的差别有关。

2. 地方口音

地方口音是一种语音形式,带有特定地理位置的特征。地方口音通常是演播者的障碍,即使是身处导致他们产生口音的那个地区,也应该注意语音标准规范。

从地理区域来讲,我国有北方方言、吴方言、湘方言、赣方言、闽方言、粤方言、客家方言七大方言区,每个方言区的各地方方言又有差异。

为获得纯正的语音面貌,首先要评估自己的普通话水平,分析自己所属方言与普通话的异同,特别是找出声母、韵母、调值方面的系统差异,有的放矢地进行针对性的强化训练。比如湖北省,大部分地区没有后鼻韵母 ing、ang、eng、ong;声母系统中没有翘舌音 zh、ch、sh、r;没有鼻音 n。

(三)语流音变、词的轻重格式

经过多年的推广普通话工作,大部分人在普通话的声母、韵母、调值方面具备了一定基础,但语流音变和轻重格式往往成了训练难点。

1. 语流音变

语流音变是在语流中由于受到相邻音节的相邻音素的影响,一些音节的声母、韵母、声调会发生变化。普通话中最典型的语流音变是轻声、儿化、变调和语气词"啊"的变化。语流音变中语音的变化比较轻微,应注重在日常生活中长期积累。以下省略变调、"啊"的变化,仅介绍轻声和儿化韵。

(1)轻声

普通话中每个音节都有其声调,可是在词语或句子中有些音节常常失去了原来的声调而念成了较轻、较短的调子,称为轻声。比如,哥哥、先生、萝卜、行李、丈夫、耳朵等词语的后面一个音节即为轻声。

（2）儿化

儿化又称儿化韵，是普通话和某些汉语方言中的一种语音现象，即词的后缀"儿"字不自成音节，而同前面的音节合在一起，使前一音节的韵母成为卷舌韵母。练习时注意体会儿化韵亲切、可爱的语气，生活气息浓厚的特点。儿化韵发不好会给人普通话说得很奇怪的感觉。

2. 词的轻重格式

在普通话及各方言中，双音节词或多音节词中每个音节的轻重强弱都不同。造成这种变化的原因，除了音节与音节之间声调的区别外，还有词或词组的每个音节在音量和音强上的不均衡，也就是说，各个音节有着约定俗成的轻重强弱差别，称为词的轻重格式。词的轻重格式对于南方人学习普通话尤其是一个难点，实际上是大脑语言中枢普通话语音轻重格式系统长期积累的过程。解决轻重格式的办法主要是多听，形成下意识的正确语感，而不是在句子表达遇到问题时再来寻找规则。

练习词语中的轻、中、重都是在音强、声音时值方面相对而言的。

（1）双音节词的轻重音格式

中重格式。例如：理论、当代、自然、烟火、信奉、出版。重中格式。例如：情感、父亲、颜色、价值、声音、形象。重轻格式。例如：力气、唠叨、痛快、清楚、灯笼、行李。

（2）三音节词的轻重音格式

中中重格式。例如：天安门、科学院、展览馆、播音员、护身符。中重轻格式。例如：过日子、拿架子、卖关子、拉关系、牛脾气。中轻重格式。例如：吃不消、大不了、对不起、说得来、数得着。

（3）四音节词的轻重音格式

中重中重格式。例如：五光十色、丰衣足食、日积月累、龙飞凤舞、移风易俗。

中轻中重格式。例如：奥林匹克、二氧化碳、集体经济、马马虎虎、大大方方。

重中中重格式。例如：心如刀割、惨不忍睹、义不容辞、美不胜收、一扫而空。

二、改善普通话语音面貌的途径及练习方法

语音的规范体现在声母、韵母、调值三个方面，语言的规范体现在语音、词汇、语法三个方面。有声语言表达是"口耳之学"，在学习发音技能时不仅要"知道"还需"做到"，必须通过大量、反复的发音"刻意练习"，才能建立良好的普通话语音面貌。实践证明，只要方法得当，勤奋练习，大部分人可以在较短时间（3~6个月）内明显提升普通

话语音面貌。具体有以下六个方面。

1. 建立正确的普通话观念、普通话思维，养成平时说普通话的习惯，并时刻注意矫正语音。

2. 提升语感。多听语音标准的朗读作品、演讲或新闻，观摩相声、朗诵节目等，提高对声音的辨析能力，克服"学生腔"，多跟普通话好的同学、朋友进行口头交流。

3. 教师讲解示范，强化易错字、词的辨音纠正，使学生明确并掌握正确的发音部位和发音方法。

①发音部位：发辅音时，口腔对气流构成阻碍的部位。普通话中22个辅音音素的发音部位共有7处，即双唇阻、唇齿阻、舌尖前阻、舌尖中阻、舌尖后阻、舌面阻和舌根阻。

②发音方法：发辅音时，呼出气流破除发音部位所构成阻碍的方法。普通话中22个辅音音素的发音方法可分为塞音、擦音、塞擦音、鼻音和边音五种。

4. 积极参与课堂发声练习，方便教师根据每个学生存在的问题给出解决办法，从语言理论出发，主动寻找规律，再进行有的放矢的刻意练习。

5. 小组式练习，学生之间互相听音、辨音。

6. 课后做朗读录音练习，练之前将 zh、ch、sh、r、en、eng、in、ing 等易错的声韵母标出来。课堂讲评录音或小组内点评。

三、易错的声韵母系统针对性练习

（一）组词练习方法

练习时常常会遇到单字能念对，却在表述组词和语句时容易念错。练习方法：用一个字组五个词，每个词反复说三遍，然后再用这些词分别造句。例如：城，可先组成城市、攻城、城堡、城建、城乡等词，每个词说三遍，再用这些词分别造句，在语流中练习。

（二）绕口令练习方法

绕口令既可以锻炼发音器官的灵活性，又可辨正语音，还可以练习吐字归音、气息、口腔控制等多种技能，既可进行针对性的练习，也可进行综合性的练习。

（1）绕口令不要"为练而练"，也不要什么绕口令都练，应有针对性地根据自己方言语音系统与普通话不同的地方选取相应的绕口令进行练习。

例如：方言声母系统中没有翘舌音 zh、ch、sh 的，可以练习：

史老师，讲时事，

常学时事长知识。

时事学习看报纸，

报纸登的是时事。

常看报纸要多思，

心里装着天下事。

（2）对于把握不好的绕口令要多练勤练。练习时先诵读一遍，找到问题所在，由慢到快，无论快慢都要吐字清晰。一定先慢练，慢练比快练更重要，慢练是声母、韵母、声调延展性的练习，要求声、韵、调都要发得清楚，不能模棱两可、似是而非。在慢练中逐渐减少结巴、吃字、丢音等现象，做到准确无误后再分层级加快，一般可用三个速度逐级练习。

（3）绕口令练习必须背诵，在大脑语言中枢形成记忆，口部肌肉下意识按照新的运动方式完成字的发音过程，才能达到好的效果。

（4）与气息训练结合练习。绕口令速度的快与慢、力度的强与弱、节奏型的变化等都与气息的调集和运用密切相关，将语音、吐字和气息结合起来训练，可以起到事半功倍的效果。

（5）注意内容意思的清晰表达，注意增强练习的趣味性，让绕口的语句变为有意味、有趣的语言段子，这样才能养成"我口说我心"、播报主持"走心"的良好习惯。

（三）其他练习方法

可以根据自己的情况借鉴一些个人发明的个性化练习方法。例如：

前鼻音，真（zhen）容易读成 zhn，丢失 e 的发音，可以先读 zhe，在此基础上加一个鼻音 n。

后鼻音，英（ying），南方学生易读成 yng，不注意 i 的过渡，可以尝试稍微拉长 i 的发音，缩短后鼻音 ng 的时值，不会显得生硬。

四、古典诗词朗读练习

下面这首诗可以单独练习，也可以双人练习或多人练习，增加练习热情和趣味。

中秋赋

梅隆雪川

故乡月色，今夜最难描摹。问天涯倦客，举杯时，可认得伐桂吴刚，捣药玉兔，奔月嫦娥？五千年一轮满月，九万里四方山河。放天灯，舞火龙，踩高跷，撒豆沫，拜中秋沧海明月，祭银汉长虹卧波。乡情酿酒醉故人，说不够销魂往事，岁月蹉跎。从来是丹桂飘香，离散游子，悄然动情把乡恋揉破。却哪堪鸟鸣秋涧，夜静秋山，菊品秋韵，亲人梦断说离合。

陶渊明喻月曦皇上人，李太白邀月对影长歌，苏东坡赏月把酒问天，曹雪芹吟月红楼独坐。月到中秋，乡音或听江南语；情重团圆，故土还邀塞北客。且喜玲珑秋月，给神州一杯醒酒；炎黄儿女，盼天下万代祥和。读懂满月就是读懂团圆，拥有中秋方能拥有祖国。渔舟宜唱晚，一泓秋水生白露；玉人教吹箫，三秋桂子花雨落。携手南北东西，挽臂海内海外，中秋夜，共人间悠悠唱和。

古典诗词由于语句短小，具有严格的平仄对仗，又有押韵，尽显汉语的音韵美，因而对于普通话语音的声母、韵母、调值都有很好的练习效果。练习时，一方面需注意用较慢速度大声将音节颗粒清楚地读出，特别是对于押韵的韵脚音节要读得饱满。另一方面，要具有综合训练意识，注意唇舌力度，要求吐字清晰有力，还应结合诗作描摹的情景、意境进行合理想象，言有所指，情有所动，这也为在话筒、镜头前播报找到与对象的交流感打下基础。

五、普通话水平测试及练习

普通话水平测试分为三级六等，播音员主持人上岗的要求是普通话水平达到"一甲"（一级甲等）。测试项包括单音节字词、多音节词语、判断测试、短文朗读和说话。总的要求是：朗读和自由交谈时，语音标准，词语、语法正确，语调自然，表达流畅。要在测试中达到较高水平，不仅要做到语音标准，还应注意短文朗读、说话时的意群清晰、自如流畅、感情色彩和交流感饱满自然等。

如今普通话水平测试大多是由计算机辅助完成的，也就是说，单音节字词、词语、判断测试、短文朗读由计算机测试，说话部分由测试员根据录音评判。测试时应做到注意力集中、沉着冷静，发声音量适中、吐字清晰、语速适当。尽量避免错读，音量一般为两三人之间正常交谈的音量，试音和考试过程中音量应保持一致。

（一）单音节字词

练习提示：共100个音节，限时3.5分钟，"漏读"按字扣分，如果有个别字读错后重复读一遍，计算机系统会自动进行识别，不会因为一个字的重读而影响整体评分，但不要每个字、词都重复读。考查重点是声母、韵母、调值的准确度。

读单字时尤其要注意发音清晰度和颗粒感，吐字清晰完整、归音到位，注意调值的准确，可以适当延展，但要自然。多音字按照括号里给出的词例读音。提前练习时可以计时，找到合适的速度，总体速度要一致，从容稳当，不要忽快忽慢。例如：

笋，龙，份，剖，法，浪，垦，味，好（好比），色（色彩），
痕，饭，疮，焕，除，英，辖，港，降（降低），挑（挑战），
酿，魔，拜，挺，鬃，扭，笑，蛆，尽（尽管），上（上级），
标，恰，民，第，胸，括，眠，肺，卷（卷尺），载（载重），
拨，簇，诣，移，璨，网，坠，瓜，种（种地），开（开办），
庆，篇，逆，丢，努，舱，总，税，宁（宁静），转（转悠），
拐，姿，草，栋，寻，纫，吼，叉，着（着手），陆（陆地），
腔，巨，层，顿，柔，阅，蹄，扁（扁担），炮（炮弹），都（都是），
渴，霍，插，鹅，增，探，泽，冲（酒味很冲），漂（漂泊），别（区别），
日，昂，苤，贰，常，僧，内，广（广播），盛（茂盛），扫（扫地）。

(二) 词语

练习提示：共100个音节，限时2.5分钟，"漏读"按字扣分。有个别词读错后重复读一遍，计算机系统会自动进行识别，不会因为一个词的重读而影响整体评分，但不要每个词都重复读。考查重点是轻声、儿化、变调，应注意轻重格式，做到调值、音节变化自然鲜明。在保持发音清晰度和颗粒感的基础上，注意词语的完整性，也就是说，读出的感觉应该是词语，而非两个字或三个字。例如：

公顷，联合，水稻，馅儿饼，分母，小麦，口哨儿，苍凉，舍得，足以，
年成，还原，数学，当铺，栏杆，节奏，叛变，哑场，经理，围嘴儿，调运，
代劳，救灾，夹杂，出访，做活儿，个子，答案，泥金，主张，外电，只是，
飞毛腿，抄写，造句，崇高，旅客，雄健，齿轮，脑儿，褪裸，形态，体会，
下班，反面，复习，海关，气温，本人，前途。

(三) 短文朗读

练习提示：400个音节，限时4分钟，"漏读""回读"按字扣分。语音纯正、语调自然、语速适中，正确运用停连、重音、语气、节奏的表达技巧，语意清晰明白，感情基调准确，有一定的感情色彩。应有对象感，练习和测试时想象自己是面对着朋友在说话，帮助自己进入自然交流状态。例如：

三百多年前，建筑设计师莱伊恩受命设计了英国温泽市政府大厅。他运用工程力学的知识（zhī shi），依据自己多年的实践，巧妙地设计了只用一根柱子支撑的大厅天花板。一年以后，市政府权威人士进行工程验收时，却说只用一根柱子支撑天花板太危险，要求莱伊恩再多加几根柱子。

　　莱伊恩自信只要一根坚固的柱子足以保证大厅安全，他的"固执"（gù zhí）惹恼了市政官员，险些被送上法庭。他非常苦恼，坚持自己原先的主张吧，市政官员肯定会另找人修改设计；不坚持吧，又有悖（yǒu bèi）自己为人的准则。矛盾了很长一段时间，莱伊恩终于想出了一条妙计，他在大厅里增加了四根柱子，不过这些柱子并未与天花板接触，只不过是装装（zhuāng zhuang）样子。三百多年过去了，这个秘密始终没有被人发现。直到前两年，市政府准备修缮（xiū shàn）大厅的天花板，才发现莱伊恩当年的"弄虚作假"。消息传出后，世界各国的建筑专家和游客云集，当地政府对此也不加掩饰，在新世纪到来之际，特意将大厅作为一个旅游景点对外开放，旨（zhǐ）在引导人们崇尚（chóng shàng）和相信科学。

　　作为一名建筑师，莱伊恩并不是最出色的。但作为一个人，他无疑非常伟大，这种伟大表现在他始终恪守（kè shǒu）着自己的原则，给高贵的心灵一个美丽的住所；哪怕是遭遇到最大的阻力，也要想办法抵达胜利。

　　　　　　　　　　　　　　　　——节选自游宇明《坚守你的高贵》

语音难点词：

受命，英国，工程，支撑，政府，进行，

几根，自信，保证，市政官员，肯定，

增加，云集，新世纪，引导，相信，

心灵，胜利。

（四）说话

　　练习提示：任选一个话题，限时3分钟，说话项由测试员根据录音评判。虽然3分钟在日常生活中转瞬即逝，但测试时说满3分钟却常会成为一些学生的障碍。有的说着说着就没话说了；有的说话声音越来越小，像说悄悄话，影响录音效果。应事先对说话的30个题目做充分准备，将题目做适当归并，针对题目做板块结构、关键词等的准备。测试时应按题目要求讲述，注意词语、语法的正确规范，不要随意，如有背稿子、离题、不断重复、缺时等现象，都会被扣分。应有对象感，练习和测试时想象自己是面对着朋友在说话，帮助自己进入自然交流状态。

普通话练习既要在一段时间进行集中式提高训练，也要长期坚持不懈保持自己的普通话语音面貌；既要注重对语音训练材料的单项练习，也要注重平时在朗读、说话、采访、解说等过程中的检测、修正和提高。

应该看到，语言在具体使用时是动态的，特别在现场采访或访谈中，受众在接受语言信息时有一定的容错率，有些表达虽不规范，但因为约定俗成，观众也明白是什么意思。例如，"我有做功课啊！"这句话的表达并不规范，观众却能听得懂。同时，对记者来说，普通话的要求主要是语音规范，表达清晰，并非要求像专业播音员或演员那样吐字如珠、字正腔圆。作为记者型主持人，要把注意力放在内容的清晰表达上，语音不能成为羁绊。

第二节 语言发声基本技巧

语音与发声二者有关联，但不能完全画等号。普通话语音规范，不等于发声方法就一定科学。

语音辨识和发声能力有个体差异，这也是选拔专业有声语言工作者的生理依据。语音的辨识能力主要牵涉耳朵的听感和大脑相关区域对声音细微差异的辨识能力。发声能力对个体来说，受制于肺活量、喉部，特别是声带、舌、牙齿、口腔的生理结构特点，如舌头肌肉的灵活度、牙齿的整齐度、口腔的开度等，表现在吐字的清晰度、力度和发声效率呈现个体差异，即生活中的声音大小、清晰与模糊的区别等。有的人天生具有发声优势，有的人因为学过声乐，有较好的共鸣，能够主动运用呼吸技巧增强发声能力、减轻声带负担，而大多数人需要学习和主动训练发声。

理论研究和实践证明，语言发声能力可以通过训练得到矫正和强化。对于专业主持人来说，工作中面临大量需要口头传播的新闻信息；担负现场报道的记者，报道地点经常在嘈杂的室外，要将语言信息传递清晰。这些都需要具备较强的吐字发声能力，如灵活有力的唇舌、对气息的运用能力等。可以通过科学的发声方法拓展喉的发声能力，加大气息支撑、声音强度和吐字力度，提高发声综合效率。

一、呼吸控制

呼出的气息是人体发声的动力。会用声的人用气息，不会用声的人使本钱，科学的呼吸方法不仅能增强发声效率，而且可以有效保护发声器官免受损伤。

播讲用声的特点决定了对气息控制的要求。信息内容多、音节多，且不需要大的音量和音强，也没有情感跌宕起伏的需求，因此整个呼吸过程做到稳、劲、匀很重要，使气息顺畅、均匀，深浅适中，运用自如。要学会短时无声吸气，并达到较持久地进行控制，保持较为稳定的气息压力。

要做到这一点，须学会使用胸腹联合式呼吸法，运用丹田的力量进行呼吸调节。"丹田"一词源于道家，这里指脐下二、三指间，丹田气是我国传统戏曲声乐艺术描述呼吸方法的术语，意即现在的胸腹联合式呼吸法。

（一）胸腹联合式呼吸法原理

人的呼吸器官由呼吸道、肺、胸廓和有关肌肉、横膈膜和腹部肌肉组成。呼吸方法一般可分为胸式呼吸、腹式呼吸和胸腹联合式呼吸。

胸腹联合式呼吸法并不是简单的胸式呼吸法加腹式呼吸法，而是指胸、腹所有呼吸器官都参与了呼吸运动，使胸廓、横膈膜及腹部肌肉控制呼吸的能力得到合作，不但扩大了胸廓的周围径，而且扩大了胸腔的上下径，因而能吸入足够的气息，使气息的容量增大。另外，由于能够稳定地保持两肋及横膈膜的张力和来自小腹的收缩力量所形成的均衡对抗，有利于形成对声音的支持力量。这种呼吸方法气息的容量大而且容易控制呼吸。

运用胸腹联合式呼吸法给人总的感觉应该是：随着气流从口鼻同时吸入，两肋向两侧扩张，同时腰带感觉渐紧，小腹控制渐强。呼气时，保持腹肌的收缩感，以牵制膈肌与两肋，使其不能回弹。随着气流的缓缓呼出，小腹逐渐放松，但最后仍要有控制的感觉。而膈肌和两肋则在这种控制的感觉下，逐渐恢复自然状态。

练习时可用"狗喘气"等方法先找到横膈膜参与呼吸运动的感觉，然后进行吸气和呼气练习。体会胸腹联合式呼吸方法时，要平心静气，把思维清零，开发身体原本的知觉，感受气息的运动方式。通过多次练习，熟练掌握后，即可变成一种习惯性的呼吸方式。

吸气要领：

（1）吸到肺底，深吸气。（设想自己很饿、闻花香）

（2）两肋打开。

（3）腹壁站定。指随着吸气，小腹随两肋的打开而打开，腹肌从松弛状态渐渐绷紧站定，也就是腹壁保持住，坚持一下不要迅速收缩，腹肌有意识地向"丹田"集中。

呼气要领：

稳劲、持久、自如，用撮口吹尘土、吹口哨等体会，将气徐徐"吹"出，要求气流匀速、缓慢、量小而集中。

（二）加大气息支撑练习

长音"a"的练习，"hei""ha"间断及连续发声，跟着钢琴练 mememe、mamama 等练习，以游泳、跑步等运动提升肺活量。

正确发声关于气息的总体感觉是：气息下沉，喉部放松，不僵不挤，声音贯通。关键是要会运用，气息要吸得深，发声时像气球放气的感觉，匀而慢，从而支撑有声语言信息的顺畅播出。

综合气息练习：可用绕口令《数枣》《六十六岁的刘老六》等来训练，也可用唱歌来训练，如歌曲《嘎达梅林》《半个月亮爬上来》等。

掌握科学的呼吸发声方法不仅有利于增强有声语言表达的效率、提升嗓音的耐久性、增强工作的持久性，而且对于身体保健也有好处，享受工作的过程中也能关爱自己。

二、口腔控制

播音主持发声在话筒前进行，要求语音清晰、语意明晰。对音量的要求并不高，但对清晰度、吐字轻巧要求很高。新闻节目主持人的稿件和主持内容主要是信息，情感成分低，因此要特别加强吐字训练，加强舌头特别是舌尖灵活度的练习，从而在播讲中对于大量文字内容能够应对自如。

播音发声对吐字的要求为：准确、清晰、圆润、集中、流畅，该要求是基于汉语吐字"字正腔圆"的传统审美观念。准确，指字音准确规范，也就是"字正"；清晰，指字音清晰；圆润，指字音饱满动听，也就是"腔圆"；集中，指声音集中，易于入耳，打动人心。话筒接收声音具有方向性，声音集中，则事半功倍。流畅，指吐字灵活自如、轻快流畅。对于记者型主持人，在吐字的圆润度方面不做过高要求，但其他四个方面的要求与播音员一样。

（一）汉语音节结构特点

1. 汉语音节结构比较规整，音节由声母、韵母和声调三个部分组成。

2. 音节多以声母开头，韵母接于其后，韵母中又以舌位滑动的复合元音韵母、鼻韵母占多数。多数音节的发音，口腔由闭而开再到闭，两头小中间大，响亮的主要元音居中，汉语音节构成的这一特点是吐字圆润如珠的客观基础。

3. 汉语是有声调语言，每个音节都有自己音高的升降曲直形式，本身带有音乐性，极富抑扬之美。

4. 韵母有"四呼"之分，"四呼"的划分与唇形的圆展直接相关，它们之间有着对应关系，因此唇形在汉语吐字中相当重要。如果该撮口的音不撮口或撮口得不够，就会造成字音不纯正，轻则影响字音的准确，重则导致词义的混淆。

从以上汉语音节结构特点的分析可以得出结论：汉语的音节规整、明晰，颗粒度强，音形优美而富于表现力，它对吐字发音提出了较高的独特性的要求。

（二）吐字归音

吐字归音是建立在汉语音节结构基础上的，并吸收了我国传统戏曲说唱艺术的发音技巧。它对于各种不同语言活动具有普遍意义，戏曲、说唱艺术、话剧、影视表演、播音、主持、日常语言交际等，虽然在发音技巧的力度、幅度上略有区别，但总的原理是一样的。

汉语中声母是字音准确的基础，韵母是字音响亮的关键，声调是字音抑扬的核心。吐字归音虽是一种传统的吐字发音技巧，却能将这三者统一起来，因此，其吐字原理和技巧训练方式一直沿用至今。

1. "头腹尾"说

音节发音的"头腹尾"说是吐字归音理论的精髓，它将一个音节分为字头、字腹、字尾三个部分。

汉语中相当多音节都可以用这种划分方法清楚地标示出字头、字腹、字尾，但也有一些音节不完全符合头腹尾划分法。例如，"阿"这个音只有一个元音，无字头、字尾音；又如，"巴"字，有字头、字腹，却无字尾。

2. 吐字归音要领

吐字归音将一个音节的发音过程分为出字、立字、归音三个阶段，并分别提出不同的要求，通过对每一阶段的精心控制，使吐字达到清晰有力、珠圆玉润的境界。

（1）出字是吐字归音过程中对字头的处理，要求做到字头出字有力，叼住弹出。

在实际发音中，韵头和声母的结合更紧密，声母受到韵头的影响，零声母前要添加字头，"附加"的字头也应保持力度，做到出字有力。出字可以用以下声母歌来练习，特别要注意声母发音部位、发音方法准确度的体会和练习。

> 春日起每早，采桑惊啼鸟。风过扑鼻香，花开花落知多少。

此段歌词有 22 个音节，包含了普通话 21 个辅音声母。

> 东风破早梅，向暖高枝开。冰花索然去尽，春从天上来矣。

此段歌词有 22 个音节，包含普通话 21 个辅音声母，以及一个零声母。

（2）立字是吐字归音过程中对字腹的处理，要求做到字腹立字饱满，拉开立起。

（3）归音是吐字归音过程中对字尾的处理，要求做到字尾归音弱收到位，趋势鲜明。可以从歌唱练习中找到归音的感觉，如《半个月亮爬上来》《滚滚长江东逝水》等。

民间说唱艺人将吐字过程形象地描述为"枣核形"，它是指头、腹、尾俱全的音节吐字状态而言，合起来成为一个两头小中间大的"枣核形"。枣核形的说法体现了汉语语音发音吐字的特点，但要注意枣核形本身是一个整体，整个字音发音过程要有滑动感、整体感。同时，枣核形也不是一成不变的，而是随语流中音节的疏密、情感的变换而变化，并非时时处处刻意追求"枣核形"。播音发音源于生活语言的发音，幅度不能过大。

吐字归音对声调的分析比较简略，这是因为传统戏曲中唱腔部分已有自己的旋律，音节本身的声调要服从行腔的需要。但对于有声语言，声调有区别意义的作用，由于声调贯穿音节的始终，主要体现在韵腹上，声调仍应视为音节不可忽视的因素，后人有将声调称为"字神"，与字头、字腹、字尾并列。

吐字归音的练习顺序：

①单字的练习。

②词语的练习（注意轻重格式）。

③古诗词练习，字少，韵律要求高，内涵丰富。

④句段的练习。

也可以用记录新闻的方式练习，以能够记录的速度来读新闻，注意吐字的饱满度，不能拖调，感觉每个字都完整地念出来。

（三）韵母的"四呼"

汉语吐字时，唇形非常讲究。按汉语语音学的传统分析方法，根据韵母起头元音的唇形特点将韵母分为开口呼、齐齿呼、合口呼、撮口呼四类，"四呼"即指开、齐、合、撮四类韵母。

开口呼，指没有韵头，韵腹又不是 i、u、ü 的韵母。

齐齿呼，指韵头和韵腹是 i 的韵母。

合口呼，指韵头和韵腹是 u 的韵母。（特例 ong）

撮口呼，指韵头和韵腹是 ü 的韵母。（特例 iong）

（四）口腔控制练习要点

由肺呼出的气流通过声带发出声音，经咽腔到达口腔，在口腔内受到各种节制而形成不同的字音，这个节制的过程就是咬字的过程。口腔内对声音起节制作用的各个部位，就是咬字器官，其中唇、舌在形成字音的过程中动作最积极、起的作用最大。普通话是以北京语音为标准音，北京话的发音特点就是唇、舌用力，口腔开度大而灵活。

1. 学做口部操

口部操是一系列唇、舌、口腔肌肉及相关头颈灵活度的拉伸、活动动作，其作用相当于运动员训练之前的"热身"，目的是使口腔及相关部位处于灵活的状态，便于发声吐字训练。口部操并非规定的机械动作，可以根据个人习惯进行活动，常见的有饶舌、打响舌，嘴唇、舌头的前伸回缩，等等。但都应有一定的强度和频度，保证口腔"热身"的效果。

2. 打开口腔

播音发音比生活语言口腔开度大。打开口腔要有提起上腭的感觉，同时下腭要放松，上腭的提起和下腭的放松可以适当加大口腔容积，为字音的拉开立起创造条件，同时加强口腔共鸣。这个状态是通过"提起颧肌，打开牙关，挺起软腭，放松下巴"这一串动作有机完成的。

可以先发 a 音练习，a 是普通话语音系统中舌位最低的元音，若口腔开度不够，势必会缩短高低舌位间的距离，使整体语音面貌听觉感觉发扁。与 a 相关韵母 ai、ao、an、ang、iang 的汉字有很多，a 音及相关韵母发得好，不仅会形成保持口腔开度的习惯，而且整个语音面貌会有大的提升。

下列成语的第一个音节都是容易体会打开口腔的音节。朗读时，以第一个音节打开口腔的感觉，带发后面的音节，使后面的音节也能尽量打开口腔开度的发音。

来龙去脉，浪子回头，泛滥成灾，光明磊落，慷慨激昂，阳光大道，浩浩荡荡。

3. 唇舌有力

要养成集中的吐字习惯：嘴唇稍稍收拢一点，略贴紧牙齿说话，唇齿相依。这样说话字音清晰、声音集中，字音具有穿透力。唇的力量分散是造成字音散的主要原因，要做到唇的力量"两个集中"：一是要集中到唇的内缘，二是要集中到唇中央三分之一处。

舌的力量集中，首先表现在发音过程中舌体取收势，力量集中于舌的前后中纵线上，成阻部位要呈点状接触而不是面状接触，这样声音才能集中，如果力量分散，声音也就散了。除了练绕口令加强唇舌的力量和灵活性以外，大运动量的新闻稿件播读练习也很重要，为后面的新闻播读训练打下基础。

4. 欲改其声先改其形

汉语吐字颗粒感强，发音吐字口形动作十分讲究。要改变字音，就要改变习惯的口形动作。有些学生所说方言与普通话有较大差别，初期练习给人"满嘴跑字"的印象，好像满嘴都在用劲，口形过大，但经过一段时间刻苦练习，就会慢慢掌握力量的控制点，逐步改善。

训练须建立"练时夸张，用时适当"的理念，即训练时要做大量反复练习，口形动作也要夸张一些，激发咬字器官建立新的动作记忆，在具体播读工作中则应注意分寸，力度、动作幅度适当为宜。

语言习得过程中"肌肉记忆"起着一定作用，类似学游泳或骑自行车。"肌肉记忆"是指人体的肌肉具有"记忆"效应，同一种动作重复多次之后，肌肉就会形成条件反射。人体肌肉获得"记忆"的速度十分缓慢，一旦获得，便很难遗忘。人说话时口腔肌肉动作是从小长期重复形成"肌肉记忆"的结果，改变起来有一定困难，因此要利用"肌肉记忆"效应，仔细揣摩普通话的发音部位和发音方法，经过大量的刻意练习，使大脑语言中枢和发音器官之间建立新的联系，从而形成新的"肌肉记忆"效应。

需要说明的是，"肌肉记忆"是习惯性表述，人脑负责此记忆的部位是小脑，应该叫"内隐记忆"或"程序性记忆"，而不应该叫"肌肉记忆"，小脑负责程序性记忆，这种记忆主要靠后天的重复，以及经典条件化反应获得。记忆都是在人脑里，肌肉本身没有记忆，是一种新获得的条件反射。

三、声音控制

新闻节目主持人用声状态接近口语用声，并非需要像歌唱演员那么高标准的音高、音强、音色、精准的节奏等，也不需要像话剧演员那么饱满充沛的情感灌注。因此，主要从发声能力的增强、拓展，提升发声效率的角度来进行训练。

（一）声音坚实、有力、质朴

有些学生用声偏虚，声音弱小。如果没有器质性的病变，应首先建立一种认识：新闻播音主持用声是以实声为主的虚实声结合，声音坚实、有力、质朴既是新闻信息有声表达清晰的基础，也是新闻节目播音主持的审美特点。这里所讲的声音是本嗓、实声，与声乐中美声唱法、通俗唱法、民族唱法的要求有所不同。进行实声发声训练，声音尽量舒展明朗，用面对众人讲话的较大音量进行练习。如果是气力不足造成的用声偏虚，则需要加大气息量和吐字力度，使声音逐渐放开，一点点加大声音的距离感和推动感。设想2米、5米、10米来体会气息控制和唇舌力度的变化，设想不同的交流人数：1人、10人、50人，逐渐增强自己的发声能力，也可以练习力度大的文本来体会实声的气沉声稳，如《礼记·

大学》《沁园春·雪》等。

有些女生用声偏高，偏于尖细，听起来不悦耳易造成听觉疲劳，而且容易失落声音信息。练习时应稍稍放松喉部，主动加强腹部力量，运用胸腔共鸣，使发声音区相对下降，有意识地运用和开发中音区，并经过刻意练习形成习惯。可以练几首女中音歌曲，也可以练几篇男声的朗诵作品予以巩固。

有的男生用声偏低，虽然有音色浑厚之美，但通过话筒录制会觉得浑浊，听不清楚。练习时，一要加强吐字力度，二要开拓高音区。可以练两首自己能够接受的高音歌曲，或激昂一些的朗诵，加强对稍高音区的自如运用能力。

以上练习主要是拓展音高、音量、音强，以及增强对它们的感知和控制能力，训练应本着循序渐进的原则进行，量力而行，不要声嘶力竭。

（二）嗓音保护

声带是喉管里的两片带状肌肉，气流经由喉管冲出时使其振动而发出喉原音，喉原音经过喉腔、口腔等共鸣腔的放大作用及口腔肌肉、唇、舌、齿的节制而形成语音。声带比较脆弱，一方面只是薄薄的两片肌肉；另一方面，声带处于喉管，人体咽喉处容易因感冒或冷热刺激等发生病变。

嗓音保护的原则是"保练结合"，也就是保护嗓子和科学练声相结合。作为主持人，首先要建立科学的发声方法，平时说话和工作时，不要声嘶力竭，要提升专业素养，养成唇齿相依、有力集中的吐字习惯，打好气息运用基本功，降低声带损耗、提高发声效率。提高发声效率主要包括吐字的清晰有力、运用胸腹联合式呼吸、合理控制声音三个方面。

日常生活要规律作息，锻炼身体，保持身体的良好状态。天气寒冷时要注意喉部保暖，穿高领毛衣或戴围巾等。睡眠对嗓音保健非常重要，熬夜对嗓音损害很大。人只有在睡眠时，声带才处于真正休息的状态。饮食方面要少吃辛辣刺激性食品，少喝冷饮。烟雾对声带危害极大，不抽烟，也要远离二手烟，还要避免其他烟雾刺激。尽量保持心情平和。虽然每个人体质和耐受性有差异，但良好的生活习惯和心性有利于嗓音保健。

当感到嗓子疲累时，可以轻轻按摩喉部旁边肌肉，使其放松，并进行积极调整和休息，一旦出现病理性问题时要及时就医。

四、练声的原则与注意事项

（一）练声的原则

练声是运用系统的方法和材料，对具有一定先天条件的人，开发发声器官潜在能力，以适应特定要求的声音训练过程。练声要用理论去指导实践，循序渐进、量力而行。练声状态要积极、松弛、集中，关注呼吸状态、发声状态、口部肌肉动作、声音传播效果等。练声要把基本功训练与实践应用紧密结合起来，并在其中发现自我，聆听自我。

（二）练声的注意事项

（1）晨练的好处。清晨空气新鲜，早上时间能够得到保障，学生相应集中，可以互相激励。

（2）姿势正确。站姿：舒胸拔背，提臀收腹。坐姿：含胸拔背。不要东摇西晃，要着装简洁。

（3）顺序正确。先练气，后练声，先弱后强。

（4）选材正确。选取适合自己的阶段性练习材料，无须太多，讲求精练。吐字发声训练材料见本书附录一。

（5）地点正确。选择相对宽敞、噪声小、没有明显回声的地方，不要频繁更换练声地点，不要迎风练声。

练声不可急于求成，要慢慢领悟，特别是气息，有时是顿悟。不要有思想包袱，练习时始终强调打开、放松，有些发声问题是由肩颈部的僵硬、不舒展造成的，可通过游泳、体操、打球等其他身体锻炼方式让身体舒展开来。

（三）篇目朗读综合训练

篇目朗读对发声、吐字、表达等基本功训练非常重要。练习初期，既要将注意力集中到读的文字及其意思，还应将注意力集中到唇舌肌肉力量、口腔动作上。从人的注意力角度，一心二用只能是在熟练掌握的情况下，因此最初练习朗读技巧时，可用少量篇章反复练，以掌握吐字发声技巧为主。吐字发声技巧掌握较好后，可将注意力主要用于意思表达，即在少量篇章中掌握基本的、主要的吐字发声和语言表达技巧，在大脑语言中枢积累一定的感知性储存，提升有声语言表达的语感。这对于加强主持人有声语言表达能力具有基础性优化作用，在朗读其他篇目时即可做到举一反三。

总之，要兼收并蓄，勤于实践，通过唱歌、朗诵、演讲、听相声、看演出等多种途径提高自身对发声吐字技巧的领悟。普通话语音与发声技巧适合阶段性集中练习，如果能每天坚持练习，一个月就会很有成效。同时注意精练和泛练相结合，平时说话、新闻报道时都应注意，在具体实践中不断领悟和精进。

第三节　语言表达基本技巧

语音和发声之上是表达,"表达"二字,即表情达意。新闻节目播音主持语言表达主要是播读、讲述、描述、点评等,发声目的主要是达意。语言表达技巧是指声音形式的外在表达技巧,它与内容密切相关,但又相对独立。语言表达技巧总的来说就是要体现抑扬顿挫、轻重缓急,使语意明晰、准确。

新闻传播类专业学生一般都有优秀的文字识读能力,要转化成优秀的有声语言表达能力,需要加强语言表达外部技巧素养。本节主要介绍与新闻节目播音主持较为密切的语言表达技巧,对于情景再现、内在语等用于思想感情调动、情感表达训练的方法技巧予以省略。

一、准备稿件的方法

怎样准备稿件,简称"备稿"。如何准备一篇稿件的播报或主持,不同的主持人、不同的稿件,会有一定差别,但主要方法大同小异。老一辈播音主持艺术家总结了六个步骤,简称"备稿六步",即划分层次、概括主题、联系背景、明确目的、找出重点、确定基调。

(一) 划分层次

所谓层次,是指稿件的布局、结构。要迅速把握稿件的脉络,弄清稿件的层次,还原作者的表达思路。新闻稿件都有相对固定的写作规范,理清写作的脉络对于新闻传播类专业学生并非难事,须从将稿件转换为有声语言传达给受众的角度对稿件内容进行再整理,对各自然段进行归并和划分。消息类新闻稿件可以兼顾新闻消息的结构特点,从导语、背景、主体、结尾的角度把握稿件内容层次。议论性新闻稿件可以根据论点、论据、论证、结论的议论文结构要素进行结构分析。

1. 归并

归并,就是把内在联系比较紧密的段落归并为一个层次。如果稿件篇幅较大,还应把内在联系较紧密的层次归并为一个部分,部分里再分层次。归并完部分、层次后,还应简明扼要地概括层次大意,一句话,一两个词即可,方便自己明了稿件各层次内容。

2. 划分

划分，是指把一个自然段里的内容，划分为几个小层次。简短的自然段不用划分，较长的自然段则需划分。划分小层次使得句子语意"归堆儿""抱团儿"，在将稿件"形之于声"的过程中，心中自有脉络，帮助做到语意清晰、层次感分明，不至于语意散乱，使听者不知所云。新闻消息虽短，仍要注意划分小层次，防止把消息"播散了"。

（二）概括主题

主题是稿件的中心思想。概括主题首先要抓导语，明白这件事在社会生活中处于什么位置；其次要准确、言简意赅，对于新闻稿件的主题要明确其思想含义，并以此激发主持人播读或讲说的内在动力。

（三）联系背景

这里指稿件的播出背景。新闻稿件是新近发生的事实的报道，稿件的播出背景包括两个方面：一方面，是指和稿件有关的国家大政方针、路线决策等；另一方面，是指国际、国内相关方面的现实情况及其变化。要求新闻主持人平时主动提高自身的新闻素养，积极学习和掌握各方面相关情况，既能把握全局，又能在自己主要报道领域，如在时政、财经、教育、科技等某一方面成为"准专家"。

新闻稿件有的是赞扬工作中的业绩或做法；有的是揭露现实生活中的矛盾和错误行为；有的则是分析问题以促进大家思考。联系背景一定要从稿件的具体内容出发，分析相关背景，从而准确地把握新闻稿件的政策精神和播报主持的针对性。

（四）明确目的

目的是稿件作者意图的升华，此处要明确的目的是主持人的播讲目的，即稿件播出后所要达到的社会效果。斯坦尼斯拉夫斯基认为：假使你有一个清楚明了的目的，你可以很快地获得一个具体而正确的内心状态。假使目的暧昧不定，你的内心情调很容易流于飘忽。目的的性质是决定的因素。明确目的对播音具统帅作用，它可以使播讲人的播讲愿望积极、主题鲜明，还能加强与受众的交流感，也能根据目的正确把握播讲方式和态度分寸。

（五）找出重点

在对稿件划分层次、概括主题、联系背景、明确目的后，需要回到稿件文本层面，找出表现主题、体现目的的重要语句，从而在播讲的有声语言表达方面做到主次分明，重点部分着力点染，次要部分顺势而过，烘托重点部分。

（六）确定基调

基调是"调性"，而非"音调"，尽管调性的色彩与音高有一定关系。基调是指稿件总的感情色彩或分量，体现播讲者对于稿件内容认识、理解、感受的整体把握，比如昂扬向上、轻松明快、深沉坚定、悲愤凝重等。基调的把握应贴切且体现整体性。新闻稿件的基调不像文艺稿件那样有大的区别，但也须注意根据稿件内容区别把握基调，注意不同的时间节点有所区别，如传统节日春节和清明节时播讲新闻基调的不同等。新闻播讲的基调既可以体现在一期新闻节目总的基调上，也可以体现在具体某一则新闻上。

"备稿六步"一环扣一环，明确了前一个问题，后一个问题的解决就有了依据，最关键的是明确播讲目的和针对性。初学者应按照步骤一步步实行，待明确、熟练路径后根据具体情况省略或合并相关步骤。新闻消息虽短小，但内容不同，针对性、目的、基调会有不同，要播讲得有变化，切忌千篇一律。议论性稿件要注意逻辑链条的展开与衔接，体现稿件思辨的内涵和力量。总之，理解越深，感受越具体，认识越全面，对稿件的把握就越准确，就有了"把稿件变成自己要说的话"的坚实基础和丰富的内心依据，才能较好地播讲新闻内容。

二、交流意识的培养与贯穿

在准确把握稿件基础上，需要运用语言表达的内外部技巧将稿件"形之于声"。语言表达的内部技巧包括情景再现、内在语、对象感等。根据新闻稿件和新闻节目播音主持的特点，这里只探讨对象感及交流意识的培养与贯穿。

主持人是"传者"，录音、录像不仅仅是记录，而是要通过媒体与受众交流并传播出去。因此，主持人在基础训练时，就应树立对象感，注意交流意识的培养与贯穿。

这里所说的交流意识就是沟通意识，即要求主持人说出的每一句话都蕴含着与受众沟通的愿望，而不是孤芳自赏、自说自话。交流意识的培养可以通过朗读、演讲、表演等多种方式，训练积累与受众的交流经验，其中朗读是基础也是简便易行的训练方式。具体体验是：感觉到有受众，"看到"有受众，而且数量、类型都是具体的。生活中要留心观察，重视体验，这些交流和生活经验能够帮助主持人在没有受众的演播室里设想具体对象，从而与传播受众建立顺畅的交流状态。

无论是新闻播报、新闻评论还是现场报道，主持人与观众的交流都是虚拟的，新闻访谈有时会在现场带观众录制，但与电视机前广大受众的交流仍然是虚拟的。无论哪一类主持人，其交流沟通的重要任务，或者评价的重要标准，就是能否将这种虚拟交流达成人际交流的效应，具有鲜明的人际交流的对象感。这种交流表面是一对多，一个主持人对应多个受众，甚至千千万万个受众，但具体到每一个受众来说，又能感受到一对一的交流感。

（一）对象感

播音员在播读稿件时应心里有受众，为着受众去传播，并且在整个播读过程中应该始终贯穿，不忘记受众。建立了对象感，受众才会感受到交流感。

播音员必须设想和感觉到对象的存在和对象的反应，必须从感觉上意识到受众的心理：要求、愿望、情绪等，并由此而调动自己的思想感情，使之处于运动状态。对象感，正是被播音员用来作为使思想感情处于运动状态的一种手段、途径，是利用联想和想象让交流的对象落实，达成与受众的虚拟交流。这种联想、想象本身是真实而具体的，因为只有具体的对象感才会对播音主持发挥积极作用。

（二）对象感的获得路径

设想对象时，应从质和量两个方面进行。质的方面，新闻节目受众面广，各行各业都有，但综合新闻和专题新闻、新闻访谈的受众群仍有不同。综合新闻的受众宽泛，而专题新闻、新闻访谈等的受众则有所细分，后者具有文化层次较高、思考分析问题的能力较强等特点。比如，财经新闻的受众自然是从事财经工作或关心财经的受众。量的方面，技术的发展和生活方式变化，节目受众从过去的人群、多人变为现在大多时候的一人、两人或数人。因此，主持人应积极主动了解自己节目受众的心理特点和具体情况。

获得对象感的途径是广泛深入实际情况以后对对象的正确理解和想象。新闻主持人先要有记者的实战经历，热爱、了解现实的社会生活，对现实生活有深入的观察、体验，有自己的思考、分析和见解，这样在播讲时就容易找到准确而具体的对象感，总体态度应该是"不卑不亢、落落大方"，在时政新闻中还应有一定的权威发布的感觉。

对象感牵引着主持人与想象中的受众对象进行交流，并贯穿整个播音主持过程，主持人就会很自然地流露出与设想的对象交流时恰当的态度、语气、眼神和姿态动作，这便是做到了"心中有人"，受众无论是实时接受还是非实时接受都能够感觉到主持人在与自己真诚交流，而非单纯地播读稿件。

在新闻采访和访谈节目中有采访对象或现场观众，对象就在眼前，但要将交流进一步深化，注重倾听、思考、反应等。

第四节　播音创作的语言表达手段与技巧

一、停连

在播音创作表达过程中，需要一些表达技巧来表现思想感情的变化，从而使表情达意的有声语言形式更加丰富，内容更加准确。停连是表达思想感情的重要方法，对思想感情的表达有能动的反作用。

（一）停连的定义与作用

停连，是指音节、词语、句子、段落之间的停顿、连接以及它们之间的关系。本节的停连主要指词语、句子之间的停顿、连接。停顿和连接就像呼吸，有呼就有吸，有停顿就必然有连接，停顿和连接永远是如影随形的。

停连，存在于有声语言之中，既是生理需要，也是心理需要。从生理上说，我们不可能一口气说完一大段话，或者一口气读完一大篇作品，必须有不断补充、调整气息和调节声音的生理过程。从心理上说，我们说话都是为了表达思想感情，要使自己的意思表达得更清楚，感情抒发得更充分，就不能不将词语进行适当的组织。那些区分、转折、承上启下的地方，就需要运用停顿；而那些意思连贯、感情奔流、一气呵成的地方，就需要运用连接。无论停或连，都是思想感情发展变化的需要，而不是随意的。

停连的作用可以表现在许多方面：有的组织区分，使语意明晰；有的转折呼应，使目的鲜明；有的表现思考判断，使表达生动；有的令人回味想象，创造出意境。与其他语言技巧相比，停连最主要的作用是使语意更清楚、更明白。也就是说，它可以帮助说话人组织语言、明确语意，同时又能使听话人便于理解、思考和接受。

（二）停连的位置和类型

停连与呼吸关系密切，需要相互配合。但停连并不只是为了换气，满足生理需要是最基本的，而更重要的是表情达意的需要。

1. 语句意义需要区分、强调之处

（1）区分性停连

区分语意、顺畅语气，以求听众一听就懂，不造成歧义，不产生误会。在稿件中词与词之间、短语与短语之间，句与句、层与层、部分与部分之间都有区分性停连。

（2）强调性停连

强调性停连与重音有密切的关系，是用得最多的一种。强调性停连有时候反映一定的观点倾向和感情色彩，例：

在无数蓝色的眼睛和灰色的眼睛之中，

我有着宝石般黑色的眼睛，

我骄傲，我是中国人！

在这一诗歌片段中，"蓝色""灰色""宝石般""黑色""中国人"都是需要强调的词语，在所要强调的词的前边或后边，或者前后两边都安排一个停顿，同时合理安排将不需要强调的词语连接起来。

2. 逻辑关系需要显示、明确之处

（1）呼应性停连

呼应性停连指在理清语句本意的基础上，分析前后语句之间的照应关系。要分清是一呼一应、一呼多应还是多呼一应或先呼后应。在一呼多应中，要理清多应之间的关系，是并列、递进还是其他关系。

（2）转换性停连

转换性停连指利用停连将语意和感情色彩的转换表现出来。注意先在心里实现转换，嘴上才能出声。

转换性停顿有时候并没有"然而""但是"等这些关联词，但在播读时不能忽视转换性停顿的位置和时间。

（3）并列性停连

并列性停连是最容易理解和掌握的一个类型，因为有标志性的连词和标点符号提示我们。当句子中有"和、与、跟、同、及"或者顿号时，一般为并列关系。并列词的两端或者顿号的两端是不是平等关系，停连的时间和方式是否一定相同，要灵活处理。

（4）分合性停连

分合性停连一般用在分合句式上，这种句式一般都有领起句、分说句和总括句，停连的位置一般在分合的交叉点上。

3. 情景神态需要描绘、表现之处

（1）生理性停连

生理性停连指稿件中人物因生理上的需要产生的异态语气。例如激动、上气不接下气、无力完整说话而断断续续、口吃等状态。要注意把握好分寸，能够提点传神即可，以免打断稿件语气的脉络。

（2）判断性停连

清楚表达思维过程的脉络和思维过程中的感受，主要是在判断和思索的地方进行停连。例：

床前明月光，疑是地上霜。

停顿不是思想感情的空白，而是有思维过程的。为了表现这一思索、判断的过程，便可在"床前""疑是"后面运用判断性停顿。不仅"明其意"，而且也表现正在"成于思"。

4. 听者理解需要想象、回味之处

为了加深听者的印象，引发其思考和回味，可以安排回味性停连。例：

有一次，我从飞机的舷窗俯瞰珠江三角洲，在明净的苍穹下，纵观秀丽的景色，啊，真美呀！水网和湖泊熠熠发光，大地竟像是一幅碧绿的天鹅绒，公路好似刀切一样笔直，一丘丘田又好似棋盘般整齐。

"一丘丘田"后面就可以安排一个回味性停连。

由于文化修养等因素的差异，对稿件的理解是因人而异的，受到语感、声音条件等具体因素的影响，每个人对停连的处理可能也不尽相同。为此，可以根据自己的理解综合运用多种停连技巧。加强对生活语言的分析、研究，加深对语言的文学性、科学性的理解，是丰富有声语言灵活性的关键。

（三）停连的方式

在停连的位置确定之后，我们还应重视停连的处理方式。不明确停连的位置，就无从谈处理的方式；不讲究处理停连的方式，位置即使准确了也还不能使表达结果更恰切。

我抬起头来∧透过天边的风雨∧透过无边的黑暗∧我仿佛看见了一条光明大路∧这条路∧一直通向遥远的陕北。

这段话中的停连位置我们都确定了。但是，是不是在播读的时候所有该停的地方都一样地停呢？显然不行。要根据具体情况，设计停顿时间的长和短、停顿前声音的扬和落、气息状态的弱和强等，即停顿的方式。连接方式，则涉及连接时语流的急和缓、曲和直等。

下面我们简单介绍几种常见的停连方式。

1. 落停

这种方式一般用于一个完整的意思讲完之后（带回味性的意思除外）。它的特点是：

第一，停顿的时间较长；第二，停时声止气也尽（"气也尽"是指声音停止的时候，感觉气也正好用完，没有过多余存，并不是指生理上的停止呼吸）；第三，句尾声音顺势而落，停住。

落停缓收，多用在一句话、一个层次或一篇文章结束后。如：落停一般用于较为平稳的、松弛的内容，这种情况下的落停一般都是缓缓收住。

盼望着，盼望着，东风来了，春天的脚步近了。∧

2. 扬停

这种方式一般用在句中无标点符号之处，或一个意思还没有说完而中间又需要停顿的地方。它的特点是：第一，停顿时间较短（有时仅仅是一次而已）；第二，停时声停气未尽（有时甚至虽停却不换气）；第三，停之前的声音稍上扬或是平拉。例：

现在播送/中央气象台/今天上午十点发布的天气预报。

这段话中可以有几处停顿，其中如"气象台"之后的小顿挫就可以采用扬停的方式。

扬停强收，语势上扬，给人以期待感，节奏明快。一般情况下，在稿件内容表达较雄壮、自豪、坚定的情节时运用扬停强收。

3. 直连

这种方式一般用于有标点符号而内容又联系紧密的地方。它的特点是：顺势连带，不露接点。

4. 曲连

这种方式一般用于标点符号两边既需要连接又需要有所区分的地方，特别是一连串的顿号相间，或者是排比句式之类的连接点。它的特点是：连环相接，连而不断，悠荡向前。

以上仅简要地介绍了四种停连方式。这里有两点需要说明。

第一，停连方式是多种多样的，不仅仅有这几种。

第二，上述四种方式并不是可以生搬硬套地使用在任何具体语句上的。

停连方式的选用，不管是以上四种还是其他任何一种，都需要根据具体语言环境下的具体语句形式而定，而运用时必须遵从总原则。

二、重音

（一）重音的概念

我们通常用一句话、几句话或者一个句群来表达一个相对完整的意思，在一个总的意图和目的的引导下，用几个句子、几个句群或者几个段落组成一个内容复杂、层次丰富的完整的篇章，有组织、有系统地表达一个中心思想。

句子是由词和词组按照一定的意思和语法规则排列而成的。但词或词组在句子中的作用是不同的，地位是不平等的。那些承载重点意思的词或词组，那些最能表明说话目的的主要词语就是重音，其他词或词组则是次重音或非重音。

下面这句话，由于把不同的词或短语确定为重音，整个句子的意思也就发生了变化。

（1）丽丽乘飞机去桂林旅游。（主角是丽丽而不是别人）
（2）丽丽乘飞机去桂林旅游。（交代是飞机而不是其他交通工具）
（3）丽丽乘飞机去桂林旅游。（点明是去桂林而不是其他地方）
（4）丽丽乘飞机去桂林旅游。（说明是去旅游而不是去做别的事）

在播音创作表达中，重音具有很重要的作用，它和停连一起，使语意清楚、准确，使语句目的突出，使逻辑关系严密，使感情色彩鲜明。

（二）语句重音的位置和分类

一句话中哪些词或词组是重音，需要加以强调，应当根据语句所表达的思想感情，联系语言环境（或上下文）来考虑。重音体现着言语目的，并为言语目的服务。重音存在于非重音之中，体现了词语之间的主次关系。只有明确了言语目的，把握住词语之间的主次关系，才能较准确地确定重音的位置。

下面就从三个方面来说明语句重音的选择办法。

1. 突出语句目的的中心词

中心词，是指那些在语句中占主导地位和最能揭示语句本质意义的词或词组。它们是准确、鲜明地传达语句目的的核心。

（1）陈述事实的主要词语

有些语句的目的主要是清楚地传达事实。在这类语句中，那些交代人物、时间、地点和事件概况的主要词语就是突出语句目的的中心词。例：

北京市海淀区一位叫王海平的农民，最近从四季青乡来到北京市专利局，要求申请白杨树扦插技术的专利权。

一篇稿件，播读前要明确表达目的，了解思想感情的脉络，同时要联系上下文的语言环境来设置重音位置，避免语意不清，造成宣传上的差错。这段话陈述的主要事实就是"农民""要求申请"和"专利权"，所以这三个词要作为重音处理。

(2) 起说明、修饰、限制作用的主要词语

有些语句的目的除了叙述事实本身之外，更重要的是，为了强调事件的性质、特点等。在这类语句中，那些与语句目的最直接相关的说明、修饰、限制性的词语，也是突出语句目的的中心词。例：

一曲完了，她激动地说："弹得多纯熟啊！感情多深啊！"

当然，说明、修饰、限制性的词语并不一定都需要强调，我们强调的是那些与突出语句目的最直接相关的主要词语，所以程度副词"多"需要强调。

(3) 表示判断的主要词语

有些语句的目的主要是表明肯定或否定的态度，那么这类语句中的判断或起判断作用的词语，就可以成为突出语句目的的中心词。例：

我是新闻与传媒学院的学生。

当文本中出现"是""不是"等表明态度的词，强调判断确定无疑时，这些词便可作为重音处理。

(4) 反语中的主要词语

有些语句的真正目的恰与文字表面的意思相反，播读这类语句时往往要在某些关键的词语上体现出反义来，这样才能使语句的真正目的得以突出。

(5) 主要的数量词语

有些语句中的数量词与语句目的的显露有直接关系，那么这类词语也可以作为重音。另外，在用数量对比来说明问题的语句中，数量词更是要强调的中心词。

2. 体现逻辑关系的对应词

对应词是指那些具有转折、呼应、对比、并列、递进等作用的词语。它们是语句目的实现过程中的重要逻辑线索。

(1) 线索性的、重复出现的词语

在有些稿件中常使用首尾呼应或反复提示一个线索的手法。在这种重复两次以上的语句中，经常要重复一些词语用以呼应或提示。

(2) 相区别而不重复的词语

在复句中常常有明显的或潜在的逻辑关系。除关联词（如"不但……而且""虽然……但是""因为……所以"等）外，真正能体现复句逻辑关系的往往是那些相区别而不重复的词语，它们是相关联内容的实质，是我们所要强调的体现逻辑关系的对应词。

3. 点染感情色彩的关键词

点染感情色彩的关键词是指那些对显露丰富的感情色彩、情景神态和烘托气氛等有重

要作用的比喻、象声以及其他形容性的词或词组。它们可以使特定环境中的语句目的生动形象地突出出来。

（1）比喻性词语

曲曲折折的荷塘上面，弥望的是田田的叶子。叶子出水很高，像亭亭的舞女的裙。层层的叶子中间，零星地点缀着些白花，有袅娜地开着的，有羞涩地打着朵儿的；正如一粒粒的明珠，又如碧天里的星星，又如刚出浴的美人；微风过处，送来缕缕清香，仿佛远处高楼上渺茫的歌声似的。这时候叶子与花也有一丝的颤动，像闪电般，霎时传过荷塘的那边去了。叶子本是肩并肩密密地挨着，这便宛然有了一道凝碧的波痕。叶子底下是脉脉的流水，遮住了，不能见一些颜色；而叶子却更见风致了。

《荷塘月色》中的这一段，用丰富的比喻、拟人、通感等修辞手法从不同角度对荷叶、荷花进行了形象的描绘，清新优雅，意境深远。修饰词"舞女的裙""明珠""星星""美人""渺茫的歌声""闪电""凝碧的波痕"，都是描绘性重音，富有感情色彩，使有声语言变得形象、生动。

（2）象声词

有些语句中，常常用象声词来突出人物或事物的情状，从而表达某种感情。这种象声词在一定的语句中也可以成为重音。例：

泉水咕嘟咕嘟往外冒，地上很快就形成了一条小溪流。

象声词"咕嘟咕嘟"描写泉水情状，形象生动，是本句的重音。

以上从三个方面谈了语句重音的选择。这三条标准，只是给大家提供一些选择、确定重音的途径，实践中可根据不同情况灵活运用。

重音，应有主要重音和次要重音之分。一般情况下，在一个语句中主要重音只有一个（并列成分和对比成分除外），次要重音可根据不同情况有一至数个。

选择重音有一个问题需要引起注意，就是"无意隐含性对比"现象。"无意隐含性对比"是指由于说话者不适当地强调了某一个词或词组，与潜在的某一个词或词组形成了对比，使语句目的出现偏差，对听者的理解产生误导，从而造成理解上的歧义或者反义。例：

如果要是一群人在一起练就更好了。

这句话的本意是说大家在一起练可以互相帮助促进，还能增进感情，本应强调"一群"，但是如果强调了"人"，就会使"人"这个词与潜在的"猫""狗"等动物形成一种"隐含性对比"，这就给句子附加了"要和人练，不要和动物练"的歧义。由于这个失误不是说话者有意为之，因此叫"无意隐含性对比"。这种重音技巧运用不当的情况在播音主持语言表达实践中是比较普遍的，要引起我们的重视。

选择、确定重音的总原则：以能否突出语言目的为首要标准，综合考虑逻辑关系和感情表达的需要，有利则取，不利则舍。

（三）重音的表达方法

在朗读中使用重音是为了更好地表现作品的思想感情。通常，加重音的词语朗读时要读得重一些、响一些，但并非所有重音都是如此。和停连一样，重音也是播音创作的基本技巧之一。在有声语言表达过程中，有些音节要轻读，有些音节要重读，这样才能传达出生动活泼的语气，突出文章的重点。如果将所有音节都读得一样重，就很难把文章的内容传达清楚。下面介绍几种重音的处理方法。

1. 高低强弱法

要想加强语气就要强调某个重音，同时必须把次重音和非重音相对放低或减弱，这样才能显示出强调的效果。因此，在强调重音时需要"欲高先低，欲强先弱"或"低后渐高，弱中渐强"。这就是高低强弱法。

（1）高低法

非重音使用较低的声音，而重音词语要提高声音，显出重音与非重音的高低对比。例：

　　　　人类文明的长河奔涌向前，我们既是历史的继承者，又是历史的创造者。

"继承者"和"创造者"作为递进性重音，既要表现人类的继往开来，又要表现人类的开拓创新，因此，我们可以采用提高声音的方法加以表达，使之起到振聋发聩、鼓舞人心的作用。

（2）强弱法

全句的非重音词语处于较弱的声音中，重音词语用较强的声音加以强调。例：

　　　　中国人民革命军事博物馆里，有一个粗瓷大碗，是赵一曼用过的。

这是递进性重音，句中的"有一个"和"粗瓷大碗"、"用过的"和"赵一曼"相比较，读时如果前者稍轻些，后者稍重些，句子的意思就会叙述得比较清楚了。

弱中渐强的方法，在有声语言表达中经常使用，但强弱对比的幅度很不一样，可以有稍强、较强、很重、较重等多级区别。

重音有时也可以用强中见弱的方法加以表达。例：

　　　　漓江的水真静啊，静得让你感觉不到它在流动。

句中的"静"字只有用轻一点的声音才能较贴切地表现出来。

2. 快慢停连法

在要强调的字词前后加以停顿，可表现浓重的感情色彩。例：

我想画下遥远的风景……让他们∧相爱。你把多少颗，多少颗渴求团聚的心∧隔断。家乡的桥∧是我∧梦中的桥。

在表明否定或判定的词语前加以停顿。例：

巡捕只说了一个字∧贪。

3. 虚实变化法

突出重音，一般应该用响亮实在的声音，但在有些语句中也可以用声轻气多的虚声加以表达。例：

我忍着笑，轻轻走过去。

"轻轻"是不被人发觉，使人顿生风趣之感，如果声音太实、太重，就索然无味了。

（四）表达重音时的基本原则

重音的强调突出，都是在对比中实现的，有时是"水涨船高"，有时又需要"水落石出"。总的要求：加强对比，协调适当，讲究变化，切忌呆板。重音的表达，还必须注意处理好重音与非重音的关系。在强调重音的时候，需要同时注意非重音的表达，既保证重音的突出，又保证非重音部分的明晰。具体选择何种表达方法，既要从内容整体的高度着眼，做到主次分明；又要从听与说的正常习惯考虑，不显生硬。这是重音表达应遵循的基本原则。

另外，理解重音表达时，可能会存在三种误区：

第一个误区，重音就是加重声音。加重声音是表示重音的一种方式，但是，如果把稿件中的重音都处理成重读，听起来就会单调乏味，不够自然，也不能够体现有声语言表达的灵动性、丰富性。表现重音的方式有很多，采用高低、快慢、实虚、疏密、停连等对比的手法可以多样化地展现重音。

第二个误区，重音数量过多。作为重音的词或词组相对集中重复出现时不要一一强调。一个词或词组在这句中是重音，在另一句重复出现时，只要不体现这句话的中心目的，就不再是重音了。都是重音等于都没强调。

第三个误区，习惯性重音。习惯性重音是指在表达时重音总是习惯性地、规律性地出现在语句固定的位置上，并且声音形式极其相似。通常表现为重音位置不准，表达方式单调。比如习惯性地把动词、形容词作为重音处理，但是如果动词、形容词跟语句表达目的没关系，就不要轻易作为重音处理。

三、语气

语气是话语表达的基本要素之一。了解语气的内涵、特点以及表达方法，有助于我们把握和驾驭有声语言这个精灵，提高语言的表现力和感染力。语气在表现内心情感的准确性和丰富性，克服固定腔调，增强语言的灵动变化等方面起着重要的作用。

（一）语气的概念

语气是思想感情运动状态支配下语句的声音形式。这个解释揭示了语气的内涵，突出了有声语言的特点，易于从有声语言形式及思想感情依据两个方面去把握，对播音理论研究与实践来说，是科学的、恰切的，并具有很强的可操作性。

可以从三个方面来认识和把握语气：一是具体的思想感情在语气中处于支配地位，是语气的灵魂；二是语气要通过具体的声音形式来体现；三是语气以句子为单位，通过一个个句子来展现它的不同风采或个性特征。

（二）语气的感情色彩和分量

语气中具体的思想感情包含两方面：一是语气的感情色彩；二是语气的分量。它们是语气的灵魂。

1. 语气的感情色彩

语气的感情色彩，主要是指"语句所包含的是非和爱憎"。是非是指态度方面的具体性质。例如赞扬、支持、亲切、活泼、批评、反对、严肃、郑重等。爱憎是指感情方面的具体性质。例如喜悦、热爱、焦急、悲伤、憎恨、冷漠等。

在把握具体语句的感情色彩时，应该做到准确贴切、丰富细腻。

2. 语气的分量

语气的分量是指在把握语气感情色彩的基础上，区分是非、爱憎的不同分寸的度。强调语气的分量，就是要求我们掌握语气感情的分寸、火候，表达时不瘟不火，恰到好处。语气的分量可以从两方面去把握：一是语气感情色彩本身的级差；二是外部相关因素影响下态度、分寸方面的级差。二者融合在一起，共同构成语气的分量。

为了便于说明，我们将语气的分量分为重度、中度和轻度三级。

综上所述，语气的色彩和分量构成了语气的灵魂。具体的思想感情在具体把握时，一要准确，二要鲜明，这是语气是否具体鲜明、贴切深刻的关键。

(三) 语气的声音形式

当我们把握了语气的思想感情后，就必须用一定的声音形式将它表现出来。我们不能停留在内心体验这一阶段，一定要找到恰当的方法来体现具体的思想感情，这就需要对其载体——声音形式的构成要素进行具体分析。

声音形式包括气息、声音、口腔状态三方面。这三方面多层次、多侧面的立体变化及多重组合构成了丰富多彩、千变万化的声音形式。

1. 语气色彩与声音形式

不同的感情色彩需要通过不同的声音形式来表现，二者之间是有一定规律可循的。下面对表现不同感情色彩的气息、声音、口腔状态的特点进行了如下概括：

感情色彩	声音形式
爱的感情	气徐声柔：口腔宽松，气息深长。
憎的感情	气足声硬：口腔紧窄，气息猛塞。
悲的感情	气沉声缓：口腔如负重，气息如尽竭。
喜的感情	气满声高：口腔似千里轻舟，气息似不绝清流。
惧的感情	气提声凝：口腔像冰封，气息像倒流。
欲的感情	气多声放：口腔积极敞开，气息力求畅达。
急的感情	气短声促：口腔似弓箭，飞剑流星；气息如穿梭。
冷的感情	气少声平：口腔松软，气息微弱。
怒的感情	气粗声重：口腔如鼓，气息如椽。
疑的感情	气细声黏：口腔欲松还紧，气息欲连还断。

2. 语势

有声语言的表达是动态的，一个个字、一句句话从我们的口中流淌出来就形成了不断起伏的语流。思想感情的不断运动是语流曲折性的内在力量，气息、声音、口腔状态的丰富变化是语流曲折变化的关键。语流的曲折性和波浪式，是语气丰富变化的外部特征。我们用语势这个概念来说明语气声音形式的特点。

语势指一个句子在思想感情运动状态下声音的态势，或者说，是有声语言的发展趋向。这中间包括气息、声音、口腔状态三大部分。

3. 语势的种类

语流的曲折变化是丰富的，"语无定势"更说明了语势运用没有什么定律。但我们仍试图描述一下语势的基本形态，以便大家对语势的曲折性有一个直观的了解，使我们能够在表达中自觉地运用它，让我们的语言更富于变化。

下面把有声语言的语势归纳为五种基本形态：

（1）波峰类。声音的发展态势由低向高再向低行进，状如波峰。

（2）波谷类。声音由高向低再向高发展，即句头、句尾较高，句腰较低，状如波谷。

（3）上山类。声音由低向高发展，即句头最低，句尾最高，状如登山。不过，有时是步步高，有时是盘旋而上。

（4）下山类。特点是句头最高，而后顺势而下，状如下山。应注意的是，它有时是直线而下，有时则呈蜿蜒曲折的态势。

（5）半起类。特点是句头较低，而后呈上行趋势，行至中途，气提声止。由于没有行至最高点，所以称为半起。

4. 避免语势单一的方法

目前，播音员、主持人在语言表达方面普遍存在一个问题，即固定腔调的问题。固定腔调最突出的一个特点，就是以不变应万变。

在符合语句内容的前提下，为避免单一语势的重复出现，形成固定腔调，我们要掌握以下几点要求：

第一，句头起点不宜相同。我们把语势的变化幅度假设为5度，那么，每句话开头起点高度不能一样。

第二，句腰波形不宜相同。不要连续使用同一种波形，如果不可避免，应根据语句的具体情况形成一定的差别。

第三，句尾落点不宜相同。每句结束的落点最好不要在同一高度，而且停时声音的轻重缓急也不宜相同。

语气在有声语言的创作中有着重要的作用，对此，我们需要不断地学习和探索。

四、节奏

生活中充满着节奏。自然界寒暑季节的更替轮换，大海波涛的时起时落，人类社会的进化推演，乃至我们心脏的搏动起伏、肺部的吐纳呼吸……都有各自的节奏。节奏，是随着客观世界物质的运动而产生的。物质运动的盈虚涨消、升降沉浮、和合分离呈现出一定规律的变化，就构成了节奏。节奏也是有声语言表达的重要技巧。

（一）节奏的概念

在播音创作中，节奏应该是由整个文本生发出来的、创作主体思想感情的波澜起伏所造成的抑扬顿挫、轻重缓急的声音形式的回环往复。

（二）节奏的类型

节奏的类型，表现为有较多相似特点的声音形式。一般是依据声音形式的强弱、起伏、快慢等方面的变化来归类的。

运用节奏时，一方面要掌握节奏的基本类型，以确保思想感情表现得准确、鲜明和完整；另一方面也要注意节奏的丰富和变化，以烘托思想感情变化的层次性，增强生动感人的力量。

人类的思想感情，是最为纷繁复杂的，似乎难以详细描述，不过，人们还是试图给其一个概括的描述。我国古代思想家认为，人有七情——喜、怒、哀、惧、爱、恶、欲。可见，对于复杂的事物，还是可以从中找到一些基本特征或内在联系，做出概略分类的。这里着眼于节奏的声音形式及其精神内涵的特点，把节奏分为六种类型：轻快型、凝重型、低沉型、高亢型、舒缓型和紧张型。这六种类型，主要是按声音形式的速度、力度和亮度方面的特点来划分的。各节奏类型的具体特点只是轮廓上的大体相似，并没有刻板划一的模式。

1. 轻快型

多扬少抑，声轻不着力，语流中顿挫少，且顿挫时间短暂，语速较快，轻巧明丽，有一定的跳跃感。全篇重点处的基本语气、基本转换都比较轻快。朱自清的散文《春》、柯蓝的散文《困难》、寓言故事《猫和老鼠》基本上属于典型的轻快型节奏。

2. 凝重型

多抑少扬，多重少轻，音强而着力，色彩多浓重，语势较平稳，顿挫较多，且时间较长，语速偏慢。重点处的基本语气、基本转换都显得分量较重。景希珍的回忆录《在彭总身边》、王愿坚的小说《草地夜行》、广播通讯《生命之歌的最后乐章》属典型的凝重型节奏。

3. 低沉型

声音偏暗偏沉，语势多为落潮类，句尾落点多显沉重，语速较缓。重点处的基本语气、基本转换多偏于沉缓。夏衍的报告文学《包身工》、老舍的小说《骆驼祥子》中的片段《在烈日和暴雨下》、史铁生的《秋天的怀念》是典型的低沉型节奏。

4. 高亢型

声音多明亮高昂，语势多为起潮类，峰峰紧连，扬而更扬，势不可遏，语速偏快。重点处的基本语气、基本转换都带有昂扬积极的特点。毛泽东的词《沁园春·雪》、高尔基的散文《海燕》、袁鹰的散文《井冈翠竹》、茅盾的散文《白杨礼赞》属典型的高亢型节奏。

5. 舒缓型

声音多轻松明朗，略高但不着力，语势有跌宕但多轻柔舒展，语速徐缓。重点处的基本语气、基本转换都显得舒展徐缓。老舍的散文《济南的冬天》、陈淼的散文《桂林山水》都是典型的舒缓型节奏。

6. 紧张型

声音多扬少抑，多重少轻，语速快，气较促，顿挫短暂，语言密度大。重点处的基本语气、基本转换都较急促、紧张。闻一多的《最后一次演讲》、屠格涅夫的《麻雀》、列夫·托尔斯泰的《跳水》都属于紧张型节奏。

这六种节奏类型，主要是从语速的快慢、音调的扬抑、声音的轻重方面划分归类的。如果我们单就其中的语速因素来分析，则轻快型、高亢型、紧张型都具有语速较快的特点，而凝重型、低沉型、舒缓型的语速就比较徐缓。在语速快慢差别的基础上，可以进一步看出，轻快型与凝重型的主要区别在于轻重分量，即语言力度上；高亢型与低沉型明显的区别在于声音的扬抑，即语言的亮度上；舒缓型与紧张型的区别在于着力轻重上。

这六种节奏类型声音形式的特点，只是概略地反映其具有代表性的规律，实际上每种类型都包含有许多亚类型。了解节奏类型的典型特点，有利于对节奏声音形式的驾驭和感知。

（三）节奏的转换形式

声音的高低、轻重、疾徐三方面不同的对比组合关系，构成节奏的基本转换形式。

欲扬先抑，欲抑先扬。声音向高的趋势发展，称为"扬"；声音向低的趋势变化，叫作"抑"。扬有稍扬、再扬、更扬，抑有稍抑、再抑、更抑等不同程度的差别。

欲快先慢，欲慢先快。语流的快与慢，是由吐字音节长短的差异、顿挫次数的多少、顿挫之后衔接的紧松程度来区分的。

欲重先轻，欲轻先重。声音形式的轻与重，与吐字力度、口腔松紧度及气息密度有关，吐字力度强，口腔控制紧，气息密度大，声音就重；反之则轻。轻与重还与声音的虚实有关，虚则显得轻，实则显得重。

（四）节奏的转换技巧

所谓转换技巧，主要是从转换的速度、幅度和向度（顺逆指向）方面来说的，即突转、渐转；大转、小转；顺转、逆转。

突转，是指节奏形式的转换速度快，一般在内容发生较大的、明显的变化时采用。突转往往用在句与句或段与段之间，很少出现在单句中。

渐转，指节奏形式转换时采用缓转慢回的办法，往往在比较统一而略有变化的氛围中出现。

大转一般用在前后内容衔接不是那么紧凑之时。尤其在同一段落中，如果句与句之间前后独立性较强，有着明显的转换，那么转换前的停顿有时甚至长于段落间的停顿。

小转，指虽有转换，但幅度不大，主要是分寸尺度上的变化。

顺转，是指感情色彩基本一致。从顺向关系的不同角度，不断积累、逐步深化感情。

逆转，主要指内容色彩向反方向的转换，重在色彩的变化。变化的幅度或速度，视具体情况而定。

第五章 播音创作的内在心理把控

第一节 播音创作中的感受

感受就是"感之于外,受之于心"的意思。感之于外,不是只感受到文字或语言的存在,而是透过语言符号感觉到符号所代表的具体的客观事物的存在;受之于心,是指播音员受到客观事物刺激时所产生的内心反应。感受是由理解到表达的桥梁。感受是把文字稿"变为自己要说的话"的关键环节。

一、形象感受

由语言符号引起的感受是具体的,包括感觉、知觉方面的各种情况,如视觉、听觉、嗅觉、味觉、触觉、空间觉、时间觉、运动觉、内心觉等。稿件文字作用于播音员的感官,引起相关感知觉的运动,进而引起诸种感知觉的内心体验,我们称之为形象感受。在训练初期,建议先从形象感受的片段练起,循序渐进到篇章练习。

(一)视觉感受、听觉感受

1967年8月23日,苏联最著名的播音员在全国的电视直播中以沉重的语调宣布:"'联盟一号'宇宙飞船由于无法排除故障,两小时后将坠毁,我们将目睹民族英雄科马洛夫遇难。"

地面指挥中心把科马洛夫的亲人请到了指挥台,科马洛夫显得很激动,但他还是控制住了自己,先向首长报告了这次飞行探险情况,科马洛夫的生命在分分秒秒中消逝,但他却目光泰然,态度从容。汇报完后,国家领导人接过话筒说:"你是苏联的英雄,人民的好儿子!"

科马洛夫眼含着泪说:"谢谢!我是一名宇航员,为宇航事业献身是神圣的,我无怨无悔!"

领导人把话筒递给科马洛夫的妻子。科马洛夫给妻子送了一个深情的飞吻。他泪如雨下,欲言又止。

(佚名《悲壮的两小时》)

分析:这一片段中包括了视觉感受和听觉感受,首先,播音员沉重的语调在表达时要让受众有一种内心的共鸣,这是听觉感受带来的心理感受;其次,我们内心要"看到"科马洛夫激动中有控制,"目光泰然,态度从容"的样子,从而在语言表达中到位地表现出来。同时,还应激发起内心丰富的形象感受,描绘出科马洛夫对妻子的"深情""泪如雨下""欲言又止"的状态及感情。

松树下,一位战士倚着树干,坐在雪窝里,一动也不动。他的左手夹着半截子用树叶卷成的烟,小心地放在胸前,仿佛在最寒冷的时刻还在渴望一支烟的温暖。他右手握着一个小纸包,脸上还挂着一丝早已冷却的笑容。

(佚名《军礼》)

分析:"倚""坐""夹""小心""挂"以及"冷却"等词语均可形象地将我们的视觉带入语境中,生动地体现了一位尽职敬业的军需处长在棉衣极度缺乏,天气极度寒冷之时,身着单衣,依然不舍得点燃烟而被活活冻死的悲凉场面。

终于,你听到了一种声音,那是盘古开天的声音。这声音随着奔涌的人群越来越近,越来越近。时而雄壮如万马奔腾、黄河咆哮,时而轻盈如平湖泛舟、春雨润物。那是一种真正的震撼,可以震天震地、震山震河。那时而似雁阵飞舞,时而似莲花盛开的阵势,让你热血沸腾,兴奋不已。那击之如雷,动之如涛,鼓中有舞,舞中有鼓的雄浑火爆使你击骨震髓,酣畅淋漓。此刻,你感到有一种生命中原始的激情与豪放正从体内喷薄而出。于是,你开始沸腾,挫骨扬灰地沸腾,并随着上下翻飞的令旗雷霆般撞击自己的灵魂。

(水木清《远行的孩子》)

分析:"万马奔腾、黄河咆哮"与"平湖泛舟、春雨润物"两种听觉截然不同,一种是磅礴气势,一种是温文尔雅,形成强烈的反差。而"雁阵飞舞""莲花盛开"则强调一动一静的对比感受。

(二)嗅觉感受、味觉感受

每当客人来时,主人会拿出杯具来,向里面注入各种味道的饮品,如:清苦的茶水、飘香的奶茶、爽口的果汁、沁心的汽水、火烈的干啤……也许热气腾腾，也许阵阵凉意。客人走后，杯具凌乱地放在了茶几上，洗具便开始默默无闻地劳作，将其擦拭、清洗，在灯光的闪耀下，杯具又重新焕发光彩，整齐地汇聚在一起。

（崔岩《茶几，洗具和杯具》）

分析："清苦""飘香""爽口""沁心""火烈"各自代表的嗅觉、味觉不一样，因而引起不同的形象感受。播读时要敏感于自己的嗅觉和味觉，通过较为形象的感知觉体验，"带发"出相应的语言表达。

（三）触觉感受

浪子把阳光下的身子，往阴处移了移，靠在新打的水泥柱子上。阳光仍追过来，紧咬着他不放，他脸上滚烫滚烫的。突然，一阵风吹过来将他燥热的心浸泡得凉凉爽爽，热闹的尘土继续在光线里跳舞。

（巴楠《漂泊在城市的梦》）

分析："滚烫滚烫""凉爽凉爽"是触觉感受，播读时可以想象炎热的三伏天太阳照在裸露皮肤上的炙热感；"移""靠""追""咬"等动词，播读时要体会到动觉感受，将之播"活"。

（四）空间感受

荷塘的四面，远远近近，高高低低都是树，而杨柳最多。这些树将一片荷塘重重围住；只在小路一旁，漏着几段空隙，像是特为月光留下的。树色一例是阴阴的，乍看像一团烟雾；但杨柳的丰姿，便在烟雾里也辨得出。树梢上隐隐约约的是一带远山，只有些大意罢了。树缝里也漏着一两点路灯光，没精打采的，是渴睡人的眼。

（朱自清《荷塘月色》）

分析：这是一段景色描写，不过这段景色描写涉及了空间布局，因而，播读时要运用空间感受，切实在脑海中根据文章描述勾勒出相关画面。在播读时尽量播出方位感。

（五）时间感受

丈夫悬挂在山崖上，就等于把生命钉在鬼门关上，在这日薄西山的傍晚，有谁还会来到山崖上？意识到这一点之后，他说："放下吧，亲爱的……"

妻子紧紧咬住牙关无法开口，只能用眼神示意他不要吱声。一分钟过去了。

两分钟过去了。十分钟过去了。

冥冥中，他感到有热热的黏黏的液体滴落在他的脸上，他敏感地意识到是从她的嘴巴里流出来的血，还带着一种咸咸腥腥的味道。丈夫又一次央求。可妻子仍死死咬住他的衣领，无法开口说话，她只能用眼神再次阻止他不要挣扎。

一小时过去了。

两小时过去了。

他感到有大颗大颗热热的液体吧嗒吧嗒滴落在他脸上，他知道妻子七窍在出血了，他肝肠寸断却无可奈何。妻子在用一颗坚强的心和死神相抗争。

（佚名《用牙咬住的生命》）

分析："一分钟过去了。两分钟过去了。十分钟过去了"提示的是时间的流逝。在这段文字中，要体现时间的漫长，因为是妻子用牙齿咬住丈夫的衣领坚持的时间，所以，播读时一定要注意时间感受的具体性和特殊性，不能因为一分钟很短，十分钟也不长就忽略掉语境意义的特殊。同样，"一小时过去了。两小时过去了"在本文中体现的是时间长得太不可思议了，以此体现妻子对丈夫的执着的爱！播读时还要注意运用逻辑感受，以体现语言链条的递进性。

（六）运动感受

一天早晨，父亲正在舱里用腰刀削苹果，船突然剧烈地摇晃，他摔了下去，刀子刚好扎在他的胸口，父亲全身立即战栗，嘴唇瞬间乌青。

6岁的女儿被父亲瞬间的变化吓坏了，尖叫着扑过来想要扶他，父亲却微笑着推开女儿的手："没事，只是摔了一跤。"然后轻轻地拾起刀子，很慢很慢地爬起来，不引人注意地用大拇指抹去了刀锋上的血迹。

（佚名《有一种奇迹叫父爱》）

分析："剧烈地摇晃""摔""扎""战栗"以及"尖叫"等词语体现了父亲和女儿的系列性动作，因而播读时要注意引发自身的动觉感受。第二段的"却"体现了女儿和父亲动作的不一致性，有转折的特点，所以播读时还应注意转折感受的调用，以体现语言链条的转折性。

（七）内心感受

索菲娅又叫她握住树干使劲往上挺直身体，但罗莎琳这样做似乎很困难，已经严重不足的氧气使她稍微一用力就气喘不已、头疼欲裂。然而，罗莎琳知道这也许是她和母亲脱险的唯一途径了，如果再耽搁下去，她们不因缺氧而死，也会冻僵。她使出浑身力气一次次地尝试，终于随着一大片雪"哗啦啦"地掉下来，她看到了亮光。尽管是黑夜，但雪光仍然比较刺眼。罗莎琳艰难地站直身体后，赶紧将母亲从雪地里刨出来，然后母女俩筋疲力尽地坐在雪地上大口大口地喘着粗气。

（王帛《血色母爱》）

分析："气喘不已""头疼欲裂""浑身力气""艰难""筋疲力尽"等词语在播读时应运用内心感受，切身体会文中主人公身处绝境时那种强烈的内心体验。每个词的感受力度都要很强，如果没有强烈的内心感受，语言表现力就会不足。

二、逻辑感受

仅有形象感受而无逻辑感受在语言表达时是不能很好地把握文章的主体结构的。播音中的逻辑感受是符合思维规律的思维过程，可以由播音员加以再体验获得。逻辑感受包括并列、对比、递进、因果、转折、总括等多种逻辑关系的感知、体悟与安排。逻辑感受总是具体体现在稿件的脉络中的，起承转合，一环扣一环，最终形成逻辑链条。进行逻辑感受的训练，对于避免平铺直叙、有句无章、只有点而没有线的现象有较大帮助。

（一）并列关系

好书是一扇轩窗，能吹来缕缕清风；好书是一眼清泉，能滋润干涸的心田；好书是一轮朗月，能让人茅塞顿开；好书是一米阳光，能抚慰和温暖人的心灵；好书是一位智者，能教人哲理使人睿智。

（陈晓星《品味读书》）

分析：好书是"轩窗""清泉""朗月"等，句子之间的关系是并列关系，因而播读时应注意运用并列感受。

（二）对比关系

在你的世界里，我只是一名匆匆的过客，不留下痕迹，也不带走什么。而你，却在我世界里一直消失不去，留给我永久的思念。你似一阵风，在席卷一地之后离开，留给我的，或悲伤，或欣慰，或开心。时间把我们的距离拉得好远好远，我很想去追问有关你的消息；时间又似乎是一副良药，我学会了习惯没有你的日子，就让时间停留在你我相识的日子里。

（妮子《风一样的少年》）

分析："你""我"在对方世界里是截然不同的两种"待遇"，从而形成了对比，播读时要形成对比感受，语言的逻辑链条才能顺理成章，从而使播读目的更加明确。

（三）递进关系、因果关系

老汉住在小区的最里面，而且再加上他的腿还有点跛，因此，当他每天一瘸一拐地走到阅报栏时，都要用二十几分钟的时间。但即使这样，也没有影响到他对工作认真负责的态度。几十年了，当干起工作来，他总把这件事当作最光荣骄傲的事。

（佚名《花甲夫妻》）

分析："因此"标示出前后句子内在的逻辑关系为因果关系，"即使……也……"又体现出句子的递进关系，所以，在播读时，须注意因果感受和递进感受的运用。

俗话说："与人方便，与己方便，赠人玫瑰，手有余香"。这对老夫妻的家庭虽然有些不幸，但是却从未在他们脸上看到一丝愁容。他们长年累月，相依为命，而且对待每个人都很热情，每天都在尽力用自己真诚的服务为每一个和他们相处的人提供最大的方便。相信这一对花甲夫妻一定会"好人一生平安"。

（佚名《花甲夫妻》）

分析：老夫妻虽家庭不幸，但他们并不沮丧。他们不仅没有愁容，反而还热情待人，每天都尽力服务他人。播读时必须注意递进的语气，才能将老夫妻乐观处世的态度展现出来。

（四）转折关系

我们不是没有孝心，只是总有太多太多的理由，让我们推迟了对妈妈的关爱。而在这种推迟中，你可知，妈妈正在老去。告别了美好的青年、忙碌的中年，在更年期的蹉跎中，最终成为一个真正的老人。在这个过程中，她承受着什么，尤其是在更年期那个漫长的从青春步向衰老的过程中，她的身心都在发生着怎样的变化，这些，我们都不应该忽视。我看完觉得蛮惭愧的，你们呢？是时候该做些什么了。

（佚名《这一生还能见妈妈几次》）

分析："不是……只是……""尤其是……"分别体现了转折、递进的逻辑感受，将对妈妈的关爱凸显到了一个不容忽视的地位，引起人们对亲情的深刻反思。

（五）总括关系

艾草除了具备驱除蚊蝇、毒虫的功效外，还有诸多的用途。艾草阴干压制成艾条、艾柱，能治病；艾草煮的鸡蛋，也酥香可口，有清火消炎的功效。艾草还具有理气血、逐寒湿、温经止血等作用。记得小时候，我和弟、妹风寒感冒了，母亲就会用晒干的艾叶熬茶，连续喝上几天，感冒便不日而愈。

（方承铸《悠悠艾草香》）

分析：第一句话为总说，后面为分说，逐一说明了艾草的其他用途。播读时要运用总括感受来感知。

三、具体感受和整体感受

形象感受和逻辑感受都是从具体稿件的具体环节中产生的，因此都是具体感受。只有形象感受而没有逻辑感受，有声语言表达将变得零散、碎片化；只有逻辑感受而没有形象感受，有声语言表达会显得严谨有余，生动不足。然而，只有具体感受是不行的，必须将散落在各个环节中的具体感受综合为整体感受，表达才具有完整性。

需要特别指出的是，整体感受是感受的深化，而不是各个具体感受的混合。形象感受中，分布着逻辑感受的神经，而逻辑感受中，也充满着形象感受的血肉。在不同稿件中，有时形象感受较浓，有时逻辑感受较强，显示着稿件的无比丰富造成的整体感受的千差万别。

她下意识地伸手一拽，拽住的正是她失足的丈夫。她拽住他的衣领，拼命往上提拉，但无论怎么努力都无济于事。他悬在山崖上也不敢随意动弹，否则两人都会同时摔落谷底，粉身碎骨。她拽着他实在有些支撑不住。她的手麻木了，胳膊又肿又胀，仿佛随时都会和身子断裂。她意识到瘦弱的胳膊根本拉不住他太沉的身体，她只能用牙齿死死咬住他的衣领，坚持到最后一刻。她企望有人突然出现使他绝处逢生！

（佚名《用牙咬住的生命》）

分析：本段以描写为主，描写的是妻子挽救丈夫的动作。但在描写中将笔墨更多集中在"拼命往上提拉""麻木""又肿又胀""死死咬住"等词语上，这将我们的有声语言表达更多地引向形象感受。当然，本段中也有逻辑感受，如"但""否则"等关联词体现了语言链条的逻辑性。

第二节 播音创作中的情景再现

一、情景再现的基础理论

（一）情景再现的概念

情景再现是播音员主持人在有声语言创作过程中调动思想感情，使之处于运动状态，并激发播讲愿望的一种重要手段，是具有播音主持专业特点的重要术语，它准确地概括了作为创作主体的播音员主持人运用再造想象进行有声语言创作的规律。

在播音主持创作过程中，文本中的人物、事件、情节、场面、景物、情绪等，在创作主体的脑海里应该像放电影那样，形成连续的活动的画面；这画面不可能不带有创作主体的感受、态度、感情，不可能不带有文本本身所蕴含着的作者的感受、态度、感情及创作主体因此产生的评价体验的"映象"。也就是说，创作主体理解和感受文本的过程中，不但感受到了其中的形象——"景"，而且也感受到了其中的神采——"情"，从而达到情景交融的境界。这个过程（注意，这里说的是过程，不是结果；是运动的，不是静止的；是融合的，不是孤立的），我们就叫它"情景再现"。

（二）对情景再现的理解

怎么理解情景再现这个概念呢？在情景再现的定义里，有三个关键点：一是感受，二是想象，三是表达。它们的关系是：感受是基础，想象是桥梁，表达是实现。

首先来说感受。感受是把文字稿件变为自己要说的话的关键环节，情景再现一定要产生于具体的感受中。播音主持创作的特殊性在于，播音员主持人播出时的感受大多数时候来自演播室，来自稿件本身。从文字语言到有声语言创作的第一步就要求不能见字出声，而应该发有情之声、有意之声。感受是关键的环节。感受有形象感受，也有逻辑感受，例如"雪纷纷扬扬，下得很大"这一句，在小说演播中，在现场报道中，都可能出现，南方的人和北方的人，对此也感受不同。形之于声的时候，一定是在具体的语境中，带有具体的思想感情的。

其次说想象。情景再现中的想象属于再造想象的范畴，具有很大的创造性。还以"雪纷纷扬扬，下得很大"为例，如果是第一次到南极，正好遇到下雪，觉得很神奇，现场报道的主持人很可能是用带有新奇感的语气来表达的。但是，如果是一场关于雪灾的报道，在连线时突然遇到了再次下雪，主持人很可能用担心、着急的语气来表达。那么，有没有可能把这两种语气交换使用呢？答案是否定的！

最后说表达，中国播音学非常强调表达的依据，即在理解基础之上的表达，如果见景生情，没有明确的目的来引导，很容易出现无病呻吟的状况。我们这里所谈的表达，是在理解稿件内容，明确作者的创作意图，规划设计我们的播讲意图的基础上，通过再造想象，设想和体会稿件中的情和理，然后，现身说法的表达。

所以，在播音主持过程中运用情景再现使思想感情处于运动状态，必须以节目需要为前提，不能漫无目地地进行想象和联想。情景再现的呈现是具体的有声语言的样态，是一种声音的传达。换句话说，我们要掌握情景再现这一有声语言的表达技巧，需要获得三种力：感受力、想象力和表达力。

二、情景再现的过程

情景再现的过程大略分四步走：

（一）理清头绪

拿到一篇稿件，首先要依据稿件进行创造性的设想和感知。我们可以借助再造想象将稿件中的人物、事件、图景、风貌进行设想，以便在我们的头脑里形成连续的、活动的画面，产生指导播音员主持人进行创作的真情实感。例如，稿件开头是什么？接下去是怎么变化的？以后又怎样发展？结果是怎样的？哪里是横向扩展的，怎样扩展？详细到什么程度？哪里是重点的"特写镜头"？哪里是较为粗疏的"远景""全景"？哪个"镜头"可以采用大笔勾勒一带而过的方式处理？哪个"镜头"又需要进行工笔细描的刻画，从而突出稿件的具体内容？这些在进行创作准备的时候要心中有数，不可走过场，否则，有声语言的表达就会比较简单直白，缺少活力。当然，也不可完全陷入对稿件的设想中不能自拔，否则创作时就会出现只见树木不见森林的感觉。

（二）设身处地

如果说设想是播音员主持人依据情景再现这个创作工具进行创作的第一步的话，设身处地则是创作中需要重点把握的地方。有声语言的创作要求调动真情实感，如果始终有"说别人的事情"这种感觉的话，播音主持时的感觉就会比较虚假。所以，需要把稿件中所叙述、描述的一切，设想和感知为自己亲眼所见、亲耳所闻、亲身经历的，让自己进入具体的事件、场景中去，不能袖手旁观，这叫设身处地。

设身处地主要是获得现场感，产生"我就在"的感觉，从而激发自己获得真实的、在场的感觉。

下面结合具体的案例来加以说明：

神舟九号与天宫一号的对接，是我国航天发展史上的盛举。转播时，张泉灵在虚拟的直播视频系统的支持下，模拟太空直播站的情景，以特效技术呈现对接的真实场景，讲解对接技术细节。此时主持人必须借助想象和联想的心理技术，以情景再现的方式，动态、真实地展现新闻事件。大家可以根据画面的提示，尝试自己也来解说一把：

康辉：接下来我们还是到北京航天飞行控制中心张泉灵所在的太空直播站去看一看，

泉灵在那儿会继续用这种虚拟的方式，来给大家详细地介绍一下接下来航天员开这三道门进入天宫一号的全过程。

张泉灵：你好，观众朋友，欢迎来到我们的太空直播站。现在神舟九号和天宫一号已经对接完成，那么这之后又将完成中国载人航天史上值得记录的一笔，就是我们的航天员终于要穿舱进入另一个在轨运行的航天器，也就是天宫一号的内部。那么从神舟九号到天宫一号要打开三道门，走几米的距离，但是这却要耗费两个多小时的时间。为什么需要这么久呢？有一套非常复杂的工作程序，来我们演示给大家看。有请我们的组合体登场。

现在神舟九号和天宫一号这样的组合体已经来到我们的身旁。在它对接完成的那个时候，我们的航天员是在我对接的身后的这个舱，也就是我们神舟九号的一个返回舱的内部，为了保证他们的安全，他们的身上是穿着舱内航天服的。所以他们首要的一件事情是确认对接完成，而且轨道舱是安全的。大家看，现在舱门已经是打开了，返回舱和轨道舱之间的那个舱门，依次进到轨道舱的内部。

进入轨道舱之后，第一件事情他们要把自己的白色的舱内航天服脱掉，然后换成蓝色的日常工作服，之后的工作就会变得更加顺手了。那么，换完衣服之后，接下来要做的就是平衡一下他们所在的神舟九号轨道舱和对接机构之间的气压。总结起来有三个词：第一个是要检漏，确定这个对接机构密封是完整的。第二个是要充气，别忘了对接机构在这个时候，它其实处于一个真空的状态。第三个是要平衡，使得我们的神舟九号对接机构里的气体是一个平衡的压力关系，然后才可以开门。那么这里就说到为什么必须是一个平衡的关系，之前我们已经知道，我们的轨道舱里面是一个多一点的大气压，而我们的对接机构里面是一个真空的状态。如果不能进行平衡的话，大家想象一下，这扇门往里开是怎么开都开不开的，等于让这个气给顶着了，所以平衡之后才能够开门。

同样接下来要打开我们天宫一号的大门的时候，其实也需要平衡对接机构和天宫一号之间的一个气压的关系。天宫一号的体积比较大，有15立方米，所以这个平衡呢，可能相当费时间，需要将近一个小时的时间才能够使得对接机构和天宫一号来完成这个平衡。在这个时间里特别想跟大家说一下，打开天宫一号需要一把特殊的钥匙，这个钥匙是我们的航天员从神舟九号带上去的，挂在神舟九号轨道舱的舱壁上。你看，对，它其实非常像一个门的手柄，插进天宫一号的钥匙孔之后呢，向右顺时针旋转1、2、3圈，你看，现在天宫一号的大门就打开了，我们的航天员就历史性地进入了一个在轨运行的航天器。

这个组合体形成之后，这边是我们的航天员的厨房和卫生间，它就是神舟九号的轨道舱，而天宫一号的内部就是他们的卧室、工作室、实验室和健身房，接下来航天员的生活一定会更舒适、更有趣。好，让我们祝福它一会儿一切顺利吧。

在这段直播中，虚拟的直播视频系统使观众能够获得如临其境的真实现场感受，太空直播站内的情景通过一幅幅模拟画面变得真实、直观。按理说，依托现代高科技手段，播音员主持人作为节目的代表能够给大家提供更直观、更鲜活的场景，调动受众的注意力，那么，有了这些是不是就不需要情景再现的内部技巧了呢？答案是否定的。为了让观众更清楚地了解天宫一号内的有关情况，张泉灵运用了大量的情景再现的技巧，比如当说到"如果不能进行平衡的话，大家想象一下，这扇门往里开是怎么开都开不开的，等于让这个气给顶着了，所以平衡之后才能够开门"时，她先向观众展示了一下打开天宫一号需要的那把特殊的钥匙（当然这只是虚拟的），然后，又设计了一个插进天宫一号钥匙孔的动作，之后，她做了向右顺时针旋转1、2、3圈的拧钥匙开门的动作，于是，我们看到天宫一号的大门被打开的情景。这段直播非常生动，直观、形象地介绍了天宫一号舱门的打开过程。如果在直播前，主持人张泉灵没有设想虚拟打开舱门的动作，并设身处地地模拟现场真实的场景，直播时紧张的工作节奏会让主持人思维混乱，难免出现头脑空白、打结巴的情况，可视性效果就不会这么强了。所以说，设身处地是建立在想象与联想基础上的，需要播音员主持人在准备稿件的时候，多用心，多动脑筋，多设想和感知观众的需要能让自己的思路更清晰。

（三）触景生情

当某种生活图景在脑海里浮现时，我们一定要做出积极的反应。稿件是寄情于景的，我们就要触景生情。触景生情是情景再现的核心。播音时特别强调积极的反应，在毫无准备的情况下，一个具体的"景"的刺激，马上引起我们具体的"情"，且完全符合稿件的要求，刹那间动用全部经验积累，打开全部认识神经，达到"顿悟"。这种极高的要求只有通过刻苦的训练才能达到。

所以，拿到稿件之后，根据稿件的景物描写，展开积极的想象，也就是根据稿件的文字刺激，"触发"自己进行积极的心理活动，在产生具体的心理感受喜、怒、哀、乐的基础上进行表达的设想，"触景生情"这一步就完成了。

（四）现身说法

既然稿件中的情景始终"我就在"，那么，把这情景再现的过程转述出来，正是播音员主持人的责任。播音员主持人头脑中再现了稿件中的情景，经过自己的消化吸收、加工制作，使受众产生某种情景的再现，从中受到感染，才算完成了自己的任务。

三、情景再现值得注意的问题

稿件包含的情景，是作者对生活素材加以提炼、概括而成的。对生活来说，稿件是一种再现，有声语言的创作是一种二度创作，需要把文本中的情景再次显现出来，在这一点上，也可以说是播音员主持人对生活的再现。

通过情景再现使思想感情处于运动状态的过程中，我们应当注意三个问题：

（一）情景再现运用的目的

必须以播讲目的为中心，避免为"情景再现"而"情景再现"的现象。情景再现的运用，一切都要服从、服务于稿件，为完成播讲目的服务。该详则详，该略则略。那种不顾实际情况，不放过任何"情景再现"的机会，搞"情景再现"展览的播音主持就变成了技巧的展示，是不利于创作的一种行为。

（二）情景再现的依据

情景再现的依据是稿件。情景再现一定是在认真分析、理解稿件之后进行的，是在理解基础上进行的感悟。播音员主持人依据稿件在脑海中进行的再造想象，只能受稿件的制约，而不能借稿件展开天马行空般的想象。特别是不能为了"生动"，为了把稿件播"活"，只要稿件有一句半句的提示，就极力渲染，这种貌似"生动"、貌似"活"的播音会导致对稿件精神实质的背离。在为播讲目的服务的主要情景上，要学会用自己的经验、经历去补充和丰富，也可以用间接的经验去补充和丰富。

情景再现一定要产生于具体感受中，感受是把文字稿件变为自己要说的话的关键环节，是感受把文字稿件化为播音员主持人内心的事物，是感受催动播音员主持人的内心主动接受、容纳、消化文字稿件的多层次刺激。感受是关键，是由理解到表达的桥梁。无视感受，轻视感受，不可能做到感同身受，往往使情景再现过程有景无情，缺乏感受，也不可能产生饱满的感情，情景再现过程会景细情粗。

（三）情景再现的运用

在准备稿件这个环节，在深刻理解、具体感受的过程中，在目的明确、感情深化的过程中，情景再现可以达到细致入微的程度，可以占用较长的时间。稿件中画龙点睛的几句话，我们可以有丰富的情景再现。这样，我们的头脑里便能产生深刻的印象、生动的情景。

在话筒前进行创作时，只需要重新唤起备稿时的那些具体感受，甚至只需要抓住某一点的感受，引发思想感情的运动就可以了，不必把所有备稿时产生的情景再现过程重复呈现出来。我们的情景再现，由语言引发，还要浓缩到语言中去，不能想老半天播一句或播一句想半天，因为这会使思想感情运动线中断，或游离于目的贯穿线之外，或停滞于某一情景之内，导致受众难以接受。

四、训练建议

训练中强调以"触景生情"为核心，景是外在的刺激物，而"情"是目的，是内在激发的核心因素；要触动丰富的"景"，生出变化多端、丰富的"情"。

训练内容要多样化，文学作品、消息、评论、专稿，既可以使训练内容丰富充盈，又可针对学生不同的特长因材施教。

在进行片段练习时，要注意与"感受""基调"等知识点相配合；在进行整篇训练时，要注意与备稿的联系。

五、实例分析

第一场雪

峻青

①这是入冬以来，胶东半岛上第一场雪。

②雪纷纷扬扬，下得很大。开始还伴着一阵儿小雨，不久就只见大片大片的雪花，从彤云密布的天空中飘落下来。地面上一会儿就白了。冬天的山村，到了夜里就万籁俱寂，只听得雪花簌簌地不断往下落，树木的枯枝被雪压断了，偶尔咯吱一声响。

③大雪整整下了一夜。今天早晨，天放晴了，太阳出来了。推开门一看，嗬！好大的雪啊！山川、河流、树木、房屋，全都罩上了一层厚厚的雪，万里江山，变成了粉妆玉砌的世界。落光了叶子的柳树上挂满了毛茸茸亮晶晶的银条儿；而那些冬夏常青的松树和柏树上，则挂满了蓬松松沉甸甸的雪球儿。一阵风吹来，树枝轻轻地摇晃，美丽的银条儿和雪球儿簌簌地落下来，玉屑似的雪末儿随风飘扬，映着清晨的阳光，显出一道道五光十色的彩虹。

④大街上的积雪足有一尺多深，人踩上去，脚底下发出咯吱咯吱的响声。一群群孩子在雪地里堆雪人，掷雪球。那欢乐的叫喊声，把树枝上的雪都震落下来了。

⑤俗话说，"瑞雪兆丰年"。这个话有充分的科学根据，并不是一句迷信的成语。寒冬大雪，可以冻死一部分越冬的害虫；融化了的水渗进土层深处，又能供应庄稼生长的需

要。我相信这一场十分及时的大雪，一定会促进明年春季作物，尤其是小麦的丰收。有经验的老农把雪比作是麦子的"棉被"。冬天"棉被"盖得越厚，明春麦子就长得越好，所以又有这样一句谚语："冬天麦盖三层被，来年枕着馒头睡。"

⑥我想，这就是人们为什么把及时的大雪称为"瑞雪"的道理吧。

我们都知道，情景再现是一种再造性的想象、联想活动。具体到稿件之中，还必须遵守稿件规定的目的、性质、范围、任务，要以稿件中提供的材料为原型，符合稿件的需要，服务于视听的需要。

第一步，理清头绪。

拿到一篇稿件，在经过"备稿六步"的理解感受之后，还有必要从情景再现的角度理清情景再现过程的头绪。认真地看一看，想一想，稿件是怎样开头，怎样发展和怎样结束的，在脑海中形成连续、活动的画面。只有做到成竹在胸，走向明确，主次得当，才不致在播出时头绪紊乱、主次不清。

《第一场雪》是一篇写景散文，描写的是胶东半岛上第一场雪到来时的景象。全文共有6个自然段，可分为4个层次：胶东半岛下了入冬以来的第一场雪（第1自然段）；雪景（第2~4自然段）；瑞雪兆丰年（第5自然段）；难怪人们把及时的大雪称为"瑞雪"（第6自然段）。作者从四个方面来讲述这"第一场雪"的主题。4个层次之间情景交融，尤其是描写"瑞雪"的地方是这篇文章的核心。理清了这个头绪，文中的主次段落和态度分寸就不言自明了。理清头绪的同时，对这篇文章应该有的态度、基调我们也开始心中有数了。

第二步，设身处地。

如果置身于真正的雪景中，往往是不难唤起相应的感受的，但稿件播出的时候，未必都这么应时应景。怎么触发感情呢？怎么找到感受呢？怎么展开想象呢？必须从想象真实的雪景开始。

以"这是入冬以来，胶东半岛上第一场雪"为例，这一句，开头往往不容易播出内涵，原因是我们没有仔细理解作者的创作意图。再看下文：作者先是非常客观地描写"雪纷纷扬扬，下得很大"，那么，到底有多大呢？作者描写了大片大片的雪花飘落下来、地面上一会儿就白了、静静的冬夜只听得雪落的声音、大雪下了整整一夜这几个片段。这些描写从字面上看都是相对客观的，还是看不出作者是喜是忧的态度，为下一段的描写埋下了伏笔。

通过第3和第4自然段的描写，作者的态度开始渐渐地显露出来，从"毛茸茸亮晶晶的银条儿""蓬松松沉甸甸的雪球儿""五光十色的彩虹""欢乐的叫喊声"这些词语中可以逐渐感知作者欣喜、愉悦的情感和态度。

在全文的结尾，作者总结为"我想，这就是人们为什么把及时的大雪称为'瑞雪'

的道理吧",至此,作者对于这一场雪的态度完全显现了出来。

为什么一定要用这么烦琐的方法来整理稿件,难道不是浪费时间吗?

仔细想想,对于一场雪,我们在不同的时间、地点、场景中会有完全不同的理解和感受,有的是"瑞雪兆丰年",有的是"雪大成灾",不一样的感受就会引发不一样的创作目的。作者通过仔细观察分析这第一场雪,得出"瑞雪"的判断,并给出"来年是丰年"的预言,特别要联想到这场降在我国粮食主产区山东大地上的第一场雪对粮食生产的影响。于是,作者期盼粮食丰收,期盼人民吃饱的愿望跃然纸上,其忧国忧民之心溢于言表,所以,这篇稿件表达中,情感走向是冷静地观察——欣喜地发现——热烈地盼望,特别是"热烈地盼望"的感情是隐藏在文字深处的,需要仔细体会,并在表达中提示出来的。

第三步,触景生情。

当我们随着稿件产生积极的心理活动的时候,我们的思想感情也逐步发生着变化。

设想画面并不困难,但我们选择什么样的基调将这一画面再现出来,却可以反映出不同创作者的思想感情和内在素养。

(1)胶东半岛下了第一场雪,第一场雪会是一场什么样的雪?——客观的态度。

(2)雪下得很大、雪下了一夜、大街上积雪一尺多厚了是一场很大的雪呀人们开始欢呼啦——欣喜的态度。

(3)"瑞雪兆丰年""冬天麦盖三层被,来年枕着馒头睡"丰收年要来啦——兴奋的态度。

(4)难怪人们把及时的大雪称为"瑞雪"——思考判断的态度。

通过这四种态度的转换,作者在这一篇稿件中的"情"显得具体而生动,整篇稿件中运动着的思想感情的红线就勾勒出来了。

通过对文章思想感情运动线索的分析,我们能够对《第一场雪》的主题有了全面的认识,这些理解对创作时形之于声是有帮助的,语言表达的方向性也因此明确了。

第四步,现身说法。

前三步完成之后,那种要向人们诉说的愿望就更强烈了。坐在话筒前,应该成竹在胸,稿件中的情景有条不紊地出现在我们的脑海中,这时,应当抓住感受,用有声语言进行表述。而我们的语言刺激了听众,在听众的心中形成相应的反应,造成情景交融的效果。让听众觉得播音员主持人讲述的这个故事很形象、很生动,似乎是播音员主持人在讲述自己的切身体会,这才是现身说法的真正含义。

这四步,可以逐步展开,也可以综合显露。一些急稿,更要边看稿边体验,使这四步融为一体。

第三节　播音创作中的内在语

一、内在语的概念及其意义

播音创作所依据的文字稿件常常是"言有尽而意无穷",作者不可能也不必要把稿件包含的具体内容和思想感情全部写成文字,但在播音创作时,我们必须由表及里,在语句的有尽之言中挖掘无尽之意、无尽之美,这是播音创作的内涵所在。语句的弦外之音、味外之味就是我们所说的内在语,在朗诵和戏剧表演艺术中,也叫潜台词。就概念而言,播音的内在语是指那些在文字语言中所不便表露、不能表露,或没有完全显露出的语句关系和语句本质。

内在语是帮助播音员、主持人把稿件变成自己想要说的话,使思想感情运动起来的内部技巧之一,对播音表达的直接引发和深化含义有着极为重要的意义。

二、内在语的作用

内在语的作用概括起来有两大方面：揭示语句本质和语言链条。

（一）揭示语句本质

语句本质是指句子在具体的语言环境中深层的内在含义和态度情感。

要理解语句的思想内容可以从两方面分析：一是脱离语言环境来确定语句的基本意义,它只是句子的表层意义；二是结合语言环境来确定句子本来要表达的思想和实际意义,这就是句子深层的内在含义和态度情感,即语句本质。语句的表层意义并非无足轻重,要结合上下文的语境来分析,从语句较宽泛的表层意义来锁定语句本质。也就是说,应该参照语句表层意义的线索来揭示语句本质,而语句本质的揭示落实到表达上则可以引发出贴切的语气。

（二）揭示语言链条

语言链条实际是指语句间的逻辑关系。揭示语言链条就是搞清句与句、段与段、层次与层次是如何衔接成一个有机整体的。特别是在文稿中那些文气不太贯通的地方,在段落层次需要做明显转换而又不好衔接的地方,或需要赋予语言以动作感、形象感的地方,或在需要唤起受众注意、引发他们思考的地方。这些地方都可运用内在语来衔接、过渡、铺垫或转换，帮助播音创作主体找到自然贴切的语气，造成一气呵成、浑然一体的效果。

在人物语言的表达上，播音员、主持人内心有内在语的衔接过渡和转换，逻辑脉络清晰，播起来语言就活泛了，能更好地表现人物的言情神态。

在评论性稿件的播音创作中，要求有严密的逻辑力量，以理服人，特别是对于那些关系复杂而又省略了关联词的多重复句，内在语揭示语言链条的作用就更不可忽视。

在广播电视直播魅力凸显的今天，新闻播报几乎都是直播，播音员思维和稿件内容瞬间游离都会导致口播差错或语不达意。这时，恰当的内在语就成了逻辑的路标。初学者遇到语句关系复杂的稿件时，可以在句段起承转合的关键处，通过补设隐含性关联词或短语，从内在语的文字提示中利用视觉的提前量，找到衔接转换下一句或下一段的贴切语气，以便清晰、连贯、准确地播好每一篇稿件。

三、内在语的分类

内在语的运用是比较灵活的，按其性质和作用的不同，大体上可以分为六种基本类型。

（一）发语性内在语

万事开头难，播好开头十分重要。发语性内在语能帮助播音员、主持人在一开始就进入良好的创作状态，同时也是决定受众是否继续收听下去的关键。所谓发语性内在语，就是在呼台号之前，在节目、稿件、层次、段落、语句之间加上适当的词语作为开头，在我们内心播出来，并与稿件原来开头的词语自然地衔接，将其带发出来。例如，在呼台号之前加发语性内在语：（各位听众，我们这里是）中央人民广播电台！

由于长年累月重复地呼台号，播音员容易把台号呼得冷漠、平淡，流于形式，因此在呼台号之前加上亲切的发语性内在语，有益于调动情绪，就会呼得亲切热情又富于活力。又例如，在节目稿件开头加发语性内在语：（青年朋友，俗话说）少壮不努力，老大徒伤悲……

当节目稿件的开头写得比较突兀呆板，我们在前面加一个称呼语、问候语或一个疑问短语来，就较容易找到自然的语气，进入状态，使语句的指向性更强。

（二）寓意性内在语

寓意性内在语是稿件文字的弦外之音，是隐含在语句深层的内在含义，是结合上下文语境挖掘出来的语句本质和语句目的。特别是那些在意向色彩或程度分寸上，与文字表面并非截然对立而差别细微的语句本质。

把握寓意性内在语，除了参照上下文语境之外，还应注意结合作者的写作风格、语言习惯，文章的主题、目的、时代背景，人物的性格、身份、心理、语言特点及所处环境和人物之间的关系去分析。除了结合上下文语境外，从语法的角度进行分析，也是把握寓意性内在语的一个有效方法。

新闻稿件言简意赅，往往省略一些内容，而这些内容有可能就是另有所指的寓意性内在语。如，广播评论《司机同志，请注意行车安全》中有一段话：

我国城乡道路标准低，质量差。这几年我们的经济建设迅速发展，各种车辆又大量增加，客运货运空前繁忙，这是造成车祸的主要原因。解决这些问题不是一朝一夕的事情；道路的标准质量只能逐步提高；车辆增加，运输繁忙，这是好事。那么，目前怎样才能使车祸减少，减少，再减少，使司机平安，乘客平安，行人平安呢？

在这里，结构的残缺使得语言练达蕴藉，单位语言片断的信息量加大，引人深思。"道路的标准质量只能逐步提高；车辆增加，运输繁忙，这是好事。"这两句话是否只是表达了文字表面所阐述的客观事理呢？显然不是。除了结合上下文语境，从语法的角度去进行分析，也是把握寓意性内在语的一个有效方法。我们感到这段话省略了两个表示结果的分句：

解决这些问题不是一朝一夕的事情。道路的标准质量只能逐步提高（显然，靠提高道路的标准和质量来减少车祸不幸）。车辆增加，运输繁忙，这是好事（看来，靠减少车辆来降低车祸也不行）。那么，目前怎样才能使车祸减少，减少，再减少，使司机平安，乘客平安，行人平安呢？

除了结合上下文语境，从语法的角度去进行分析，也是把握寓意性内在语的一个有效方法。

（三）关联性内在语

关联性内在语是指那些没有用文字表述出来的语句关系，具体地说，就是那些体现语句逻辑关系和语法意义的隐含性关联词和短语。它最大的特点是，通过挖掘语句间的隐含性的关联词或短语，使语句关系更加明晰。

关联性内在语一般用在语句、段落、层次之间，或之前。它既可用隐含的词语，如"因为""所以""虽然""但是""如果""而且""结果""那么"之类的关联词，也可以用简洁的短语，使上下文自然衔接起来，使前后句、上下文语言链条的衔接更加自然顺畅，符合逻辑，语言目的的表达更加准确。关联性内在语是使播音有声语言的链条向播出目的定向推进的路标，是播音员、主持人表达语气起承转合的重要依据，是播音有声语言所表达的稿件文字语句富于内在逻辑力量的关键所在。

（1）她打了个寒战，（虽然）风又掀起了她的衣襟，（但是）这次她没有去拉。

（2）一次意外丈夫去世了。对于她，这打击更是加倍的，（因为）她失去的，（不仅）是生活上的爱侣，也是艺术上的合作伙伴。

（3）她还是从前的她，沉寂了数年，丝毫（也）没有影响到她的艺术水准，她（依然）是滑冰场上轻盈的精灵。

（四）提示性内在语

提示性内在语用于语句、段落、层次之间，其存在也是为了解决上下语气衔接的问题，但与关联性内在语有所不同。它不是以关联词短语的形式出现的，并且内容上也更丰富多彩。如果说关联性内在语重在使语句逻辑关系严密，那么提示性内在语则更注重使表达语气富于灵动的活力。

1. 设问呼应

（1）他打开包裹一看，里面（是什么呀？哦，原来……）是个小纸条。

（2）他风风火火地跑上楼，推开门一看，孩子（怎么了？）正甜甜地睡着呢，这才松了一口气。

2. 提醒关注

（1）（请注意防暑）西安入伏第一天地表温度突破50℃，鸡蛋快被烤熟了。

（2）（市民请注意）今年第9号台风"威马逊"于7月18日5时加强为超强台风级，其中心位于海南省文昌市东偏南方向大约235公里的南海中部海面上，中央气象台继续发布台风红色预警。

3. 表现情态

双腿瘫痪后，我的脾气变得暴怒无常。（暴怒无常的表现有）望着望着天上北归的雁阵，我会突然把面前的玻璃砸碎；（有时候）听着听着李谷一甜美的歌声，我会猛地把手边的东西摔向四周的墙壁。

等我完全清醒过来，看看身边熟睡的妻子和女儿，女儿的脸蛋儿犹如红苹果。（女儿的脸蛋儿多么可爱呀）

4. 展示过程

（1）这个时候，天空中再次飞来了一架直升机。霎时，母亲的脑海里闪过一个可怕的念头，（无论如何要让直升机发现自己的位置）她抓起身边的一块岩石碎片，放在自己的左手腕上，用力地割了下去！

（2）我接过来一看，（嘿！可不是嘛！）针脚整齐，横是横，竖是竖，补得就是不错！

提示性内在语用来展示判断或动作的过程，使语气生动形象，有助于调动受众的想象，增强语言的感染力。

5. 感叹强调

例句：昨天，圣安东尼奥马刺队主场以 88 比 77 击败新泽西网队，总分 4 比 2，赢得球队历史上第二个 NBA 总冠军。（了不起！）此提示是为了更好地把握语气的分量。

（五）回味性内在语

在稿件文字段落、层次和全文结尾处设置相应的词语，提示播音员、主持人的语气或回味，或思考，或想象，或憧憬，给人以语已尽、情尚存的印象，这就是回味性内在语。回味性内在语的形式有四种：寓意式回味、反问式回味、意境式回味和线索式回味。

1. 寓意式回味

（1）当我翻开尘封的相册时，回忆曾经那些潮来潮往的阴影和停息；我不想让想念打破天窗，让我的阳光换成泪光。（往事不堪回首）

（2）他们是世界闻名的双人花样滑冰运动员，生活中是恩爱夫妻，一次意外丈夫去世了。这对于常人无疑是一次巨大的打击。对于她，这打击更是加倍的，从此，她远离了滑冰场。（滑冰场是她内心永久的痛）

2. 反问式回味

（1）纵观当下很多机关单位所营造出的"富贵"之气，同样透露着一种"高高在上"的姿态，无形中已经站在了老百姓的对立面，老百姓又怎会服气？（老百姓是不会服气的）

（2）如果下一代青年才俊，或沉迷于题海之中不能自拔，或被父母、社会捧托于手心呵护备至，或连一场考试都不能忍受窗外偶尔的汽车鸣笛而需要父母以人墙拦路相护，那么，他们还会有多少勇气和智慧、理性和激情去创造一个崭新的中国呢？（他们是没有勇气、智慧创造一个崭新的中国的！）

3. 意境式回味

（1）泪水洒在那张还没有填写志愿的报名单上。她掏出手绢儿，轻轻拭去泪痕，珍惜地把那张纸夹在英语课本里，两肘支在书桌上，对着一盏孤灯，思绪茫然……（那是多么艰难的抉择啊）

（2）天上，新月朦胧；地上，琴声缥缈；天地之间，久久回荡着这琴声，如清泉淙淙，如絮语呢喃，如春蚕吐丝，如孤雁盘旋……（真美啊）

4. 线索式回味

美丽的电话号码

一天，正走在路上，手机响了，（会是谁呢？）话筒里是个稚嫩的小女孩的声音："爸爸，你快回来吧，我好想你啊！"凭直觉，我知道又是个打错的电话，因为我没有女儿，只有一个6岁的儿子，这年头发生这样的事情实在不足为奇。我没好气地说了声："打错了！"便挂断了电话。

接下来的几天里，那个电话便时不时地打过来，（还有完没完？）搅得心烦，我有时态度粗暴地回绝，有时干脆不接。

那天，电话又一次打来，（真讨厌！）与往常不同的是，在我始终未接的情况下，那边一直坚持不懈地打着。我终于耐住性子开始接听，还是那个女孩有气无力的声音："爸爸，爸爸，你快回来吧，我好想你啊！妈妈说这个电话没打错，是你的手机号码，爸爸，我好疼啊！妈妈说你工作忙，天天都是她一个人照顾我，都累坏了。爸爸，我知道你很辛苦，如果来不了，你就在电话里再吻妞妞一次，好吗？"孩子天真的要求不容我拒绝，我对着话筒很响地吻了几下，就听到孩子那边断断续续的声音：

"谢谢……爸爸，我好……好高兴，好……幸福……"

就在我逐渐对那个错打的电话产生兴趣的时候，以后的几天里，电话却莫名其妙地消失了。（为什么呢？）

终于，我忍不住照着号码打了过去，（我想找到答案）接电话的不再是女孩，而是一个低沉的女人声音："对不起，先生，这些日子一定给你添了不少麻烦，我本想处理完事情就给你打电话道歉的。这孩子命很苦，生下来就得了骨癌，她爸爸不久前又被一场车祸夺去了生命。我实在不敢把这个消息告诉她，每天化疗时的疼痛，已经折磨得孩子够可怜了。当疼痛难以忍受的时候，她嘴里总是呼喊着爸爸，我实在不忍心看孩子这样，就随便编了个电话号码，没想到竟打给了你……""孩子现在怎么样了？"我迫不及待地问。"妞妞已经走了，你当时一定是在电话里吻了她，因为她是微笑着走的，临走时小手里还紧紧地攥着那个能听到爸爸声音的手机……"

不知什么时候，我眼前已模糊一片……

（六）反语性内在语

反语性内在语直接体现了表层意义与深层内在含义的对立关系或对比关系。语句深层内在含义与文字表层意义相对立的称为对立型反语内在语。通过反问来确定意思的内在语称为反问型内在语。利用语音或语义的关系，使语句同时兼顾两种事物的内在语称为双关型反语内在语。语句本质与表层意思同向同质，但在表达的语气中却需要掺入一定的与语句意义有别的，甚至是相对的色彩，这样的内在语称为非对立型反语内在语。

1. 对立型反语内在语

（1）不就是天空晴朗了一些，空气清新了一些，晚霞漂亮了一些吗，这不都是自然现象吗，有什么好稀奇的？但是仔细想想，久居城市的我们，有多久没有见过这么晴朗的天空，呼吸过这么清新的空气，欣赏过这么美丽的晚霞了？（谁不重视环保问题都不行）

（2）连动物试验还没过，也没谈"剂量"，就抛出大而化之的"茶水能抑制病毒"结论，显然有失妥当。（茶水抑制新冠病毒？科研结论宜更审慎）

2. 反问型反语内在语

小明不小心打碎了书架上的花瓶，爸爸回来看到后说："看你做的好事！"（好事其实指的是坏事）

3. 双关型反语内在语

利用语音或语义的关系，使语句同时兼顾两种私物的内在语叫双关型反语内在语。例如，鲁迅的《病后杂谈》中有一段："雅"要地位，也要钱。古今并不两样，但古代的买雅，自然比现在的便宜；办法也并不两样，书要摆在书架上。或者抛几本在地板上，酒杯要摆在桌子上，但算盘却要放在抽屉里，或者最好放在肚子里。

这是一种利用词语多义性"算盘"的本义和转义巧妙地构成双关，"算盘"实际上是指"心机"，讽刺味很浓。表达时要抓住表层意义和深层含义对比鲜明的趋向，用较含蓄、饶有意味的语气，把暗指的意思体现出来。

总之，播讲目的，就是全篇稿件的内在语，它落实在语句主次关系上，体现在语气中；具体态度，就是不同语句的内在语，它的判断和评价要用不同的分寸来表现；承前启后，就是语言层次转换的内在语，它通过语句的不同衔接（不论是否用关联词语）显示出来。

四、内在语的完善

第一，内在语是对稿件理解和感受的集中概括，要在稿件的难点和重点上把握内在语，未必句句都有内在语。

第二，内在语作为语句的实在意义，是随着语句目的、语言环境的变化而变化的，应从播出目的、主题思想、整体基调和上下文语境的角度来分析内在语。

第三，要特别注意语句本质和语句表层意思的差异，不要被文字表面所迷惑和诱导。

第四，内在语的概括要鲜明、简洁，有说服力，分析时力求准确到位，表达时未必字字再现。

五、训练建议

（一）内在语是对稿件理解和感受的集中概括

稿件中的语句，作为构成稿件有机整体的个体局部，是受宣传目的、主题思想和整体基调制约的。宣传目的、主题思想和整体基调一经确定，内在语就具有了相对稳定性、确定性和排他性。语句内在语的最优化，是服从于稿件整体，即宣传目的、主题思想和整体基调，切忌就句论句地确定内在语。

（二）在稿件的重点和难点上把握内在语

我们没有必要句句都找内在语，但对重点语句的本质含义应深入挖掘。所谓重点，是宣传目的和主题思想的落脚点，是全篇的关节所在。所谓难点，是指语句本质不好把握，文气不十分贯通，播起来又不好衔接的地方，似雾里看花、扑朔迷离之处。

（三）要注意语句本质的差异

有两种情况：一是要在搞清语句表层意义的基础上，根据语句目的和上下文语境挖掘语句的深层含义，并准确判断把握具体的态度分寸。因为有时语句表层意义与深层意义即使是同向同质，也会有程度、分量和分寸的细微差别。二是有些句子表层意义与深层含义异向，这时的内在语应该和句子的深层含义的意向一致统一，而不被文字表面意义所迷惑。

（四）内在语要简明有说服力

表述内在语的目的，是为了训练把握内在语的能力，使自己思想感情运动起来，而不是为了表述而表述，内在语的把握应力求避免朦胧模糊，内在语的概括表述要确实可感，鲜明简洁，有说服力。

在话筒前播音不必字斟句酌地重现一遍内在语，只要由此一点，唤起相应的体验即可。

第六章 演播室新闻语言评论

第一节 新闻评论的要求及分类

一、我国电视新闻评论节目的兴起

新闻评论在形式和内容上都不同于新闻报道。它之所以存在和发展，是因为人们不仅需要了解新闻事实本身，还需要了解新闻事实产生的原因、发展方向及意义等。评论是新闻媒体的旗帜，平面媒体一般都有自己的评论员。最初，电视的评论功能受到质疑，因为电视的强项在于展示，讲究镜头的多彩与变化。评论本身强调深度，评论节目的主体就新闻事实进行评论，虽然会穿插新闻背景画面，但从视听语言的角度仍显单调。但是，电视传播面广的特质促使电视新闻评论节目不断创新，蓬勃发展起来。

演播室新闻评论是由新闻主持人就某些新闻事件或政治、经济、社会等问题发表看法。对新闻事实或社会现象做出实事求是、合情合理的分析评论，是新闻评论主持人应当具备的能力，是打造主持人影响力的重要途径，也是观众的重要诉求。新闻评论堪称新闻主持人的"高级技能"，要求主持人不仅有优秀的新闻写作、思辨能力，伶俐的口才，还要有成熟的政治、政策素养，发表评论实事求是，有利于促进社会进步，讲求实际效果，因此对思维及语言的分寸感、方向性要求都很高。

二、新闻评论的时效性

过去，对新闻工作要求"倚马可待"，而今，对时效的要求更高。看看某资深媒体人一天的工作安排：早上9点开始整理当天的新闻线索；10点例会前拿出一份《策划建议》，包括当天的新闻焦点、今日采访重点、本周焦点、中长期焦点、外电内容，例会后与主管领导协商挑选出当天的话题；11点开始动笔写稿子；下午5点之前要完稿；6点出镜点评《××焦点直播》。出镜前还要抽时间化妆，常常只有 10 分钟的时间组织语言思考上场该说什么。因此新闻评论主持人必须养成与时间赛跑的习惯，这也是记者素养的一部分。需要注意的是，这种快速反应不是仓促应战，而是基于过硬的基础素养和平时积累思考的从容应对。如果反应迟钝，贻误"战机"，那就成了"马后炮"，也就失去了评论的作用。

三、新闻评论的权威性

权威性的重要基础是真实性，这里的真实性不仅指具体真实，而是具体真实和总体真实的统一。所谓"具体真实"是指新闻报道对具体的客观事实所做的真实的反映，而"总体真实"还要求对于新闻的价值判断、社会影响等做出真实的反映。传媒公信力指传媒使公众信任的力量，其基础是新闻信息和舆论观点的真实性与权威性。

知名记者、著名新闻主持人、著名时事评论员，直接影响着新闻发布的权威性，对节目在公众中形成影响力、提升频道公信力具有重要作用。例如，凤凰卫视的曹景行、阮次山等本是资深报人，有丰富的采访经验并有长期的专栏记者和报刊主编经历，他们的资历和背景为评论的权威性奠定基础，也有力地推动了媒体的影响力。

四、演播室新闻评论分类

"评论"二字主要体现对事实、事件和现象的观念和态度，这种观念和态度可以体现在消息报道中的记者和主持人的语言中，可以体现在调查类报道的事实展示过程中，也可以体现在专题报道的主持人提问和专家分析中，更可以体现在谈话类节目的嘉宾表达和主持人对现场的调度引导和控制中……总之，评论应该是一种内容，而不应该是一种形态。我们在分析和制作节目时，为了理解的便利性，还是根据评论节目的形态对其进行简单分类。

电视（含新媒体）评论的表现手段丰富多样，借助画面、音响、屏幕文字及解说、论述性语言，在视与听、情与理的相互配合及相互补充中发挥传播和促进思考的效能。视听结合的评论节目形态主要有谈话体评论、媒体述评、主持人评论、新闻观察员和评论员的评论。媒体述评是由播音员播发的专门评论类型，一般源于报刊及通讯社的评论稿件。主持人言论专指主持人以个人身份在节目中面向受众对新闻事实或社会现象直接发表的议论。主持人言论主要有两种形式：一是在新闻编排中插入的"三言两语"的点评；二是专门设置的新闻评论节目或环节。

（一）点评——新闻编排中插入的评论

新闻编排时，常在新闻导语、串联词或现场报道中，对新闻事实或社会现象做简短议论。点评的内容出自主持人对新闻或采访信息快速而敏锐的反应，是主持人对社会现实情况的了解与思考的反映。点评通常三言两语，语言运用要适应题旨情境，不一定要提供观点，可提供一种思维，或者一种看问题的角度和方法。点评无须深化、扩展，只找出可圈可点之细节加以阐说，或引起共鸣，或点明意义。点评虽篇幅短小，但须讲究角度独到和词句精练，因此十分考验主持人的新闻素养和语言能力，以及对相关报道领域的熟悉程度。点评有时由编导事先在串联词或导语中写好，要求主持人要"吃透"新闻要义和编导意图，在语言表达上做到准确无误。

读报类节目的点评较为特殊。随着生活节奏加快，为方便人们对巨量信息尽快了解、梳理分类，将新闻经过筛选、总结、点评再加工的读报类节目受到观众欢迎。这类节目在新闻原料方面力求"简"字，没有普通新闻节目的画面、同期声、采访等内容，只是援引不同媒体的文字和照片，这就要求主持人具有很强的语言复述、概述能力，要把新闻说"活"。不同定位的读报栏目选择信息的侧重点虽不同，但都强调主持人的语态和评论具有个性化色彩。

（二）专门设置的新闻评论节目或环节

专门设置的新闻评论节目或杂志型新闻节目的评论环节，在节目中占有独立时段，这种评论通常称为主持人言论，少则三五百字，多则上千字，如《东方时空》改版前的《面对面》等。

主持人言论应由主持人自己执笔撰写，其最终播出内容应经过审稿。主持人撰写的评论不仅更适合主持人自己的语气、口吻和说话习惯，还能促使主持人从深度和广度参与新闻报道，从而快速成长，最终有利于推出风格化、有深度、成熟的新闻节目主持人。

尽管影像语言的电视新闻评论难以企及纯文字媒介的深刻性，但也要努力做到引发受众思考，撞击受众心灵。

（三）新闻观察员与新闻评论员不同的角色定位

一般来说，新闻观察员只是把新闻背后的东西整理出来，告诉大家不同的看法，虽然也有自己的立场，但并不局限于一定要有鲜明观点。新闻观察员观察的对象应该是与新闻有关的内容，包括三个方面：首先是观察新闻活动现象，即对新闻传播活动中出现的各种现象进行观察；其次是观察新闻作品，即对报纸、电视等媒体看法的各种新闻作品进行观察；最后就是观察新闻事实，即对已经、正在或即将发生的新闻事件进行观察。

评论员有本台评论员和特约评论员，他们就当前社会普遍关心的问题或重大新闻事件、社会现象，直接面向观众发表意见、看法、立场和态度。评论员发表的意见应具有权威性。从某种程度上，有无本台评论员是媒体成熟与否的标志之一。

新闻观察员的角色定位稀释了评论员的浓度，由对新闻事件的解读更多地回到对于新闻报道本身的解读，降低了媒体代言人发表观点时的话语风险。这是新闻评论发展深化过程中的自然选择与变化，只有角色定位准确，才能真正发挥多种角度解读新闻的作用。

第二节 新闻评论主持人的职业要求与语言风格

演播室新闻评论与现场报道的即兴评论有所不同，演播室评论时间较充裕，评论状态也更为从容，因此更加注重信息背景的系统性和评论的广度与深度，更能体现主持人的思想深度、政策水平及语言组织能力。因此，担任新闻评论的主持人或评论员、观察员，一般都是资深的国际国内问题专家或在某一方面长期报道和关注的专家型记者。作为知名的新闻主持人，他们是"名嘴"，却与其他"名嘴"不同，他们应是思想锐利的"名嘴"。

一、新闻评论主持人的要求

（一）高度的社会责任感

主持人是栏目的品牌形象和标志，其形象要服从栏目的整体设计，主持人的公信力来自所在媒体的公信力，同时主持人的职业水准也直接影响媒体的公信力。因此，主持人对节目成败负有主要责任，镜头内外都应洁身自好，具有高度的社会责任感，慎重对待自己的"话语权"。优秀的新闻评论主持人都有浓厚的知识分子爱国情怀和尽"言责"的新闻理想。对于主持人的社会责任感是他必须对这个国家的发展、对民族的发展，对这个国家的诸多问题有足够的勇气来面对，而且他必须铁肩担道义。可以说，新闻评论主持人应该自觉担当推动社会良性发展的责任。

例如，广播评论节目中，听众打进电话会有七秒延时，这七秒考验着主持人的社会责任感和职业能力，电台评论节目是开路的，听众的观点有时会偏颇甚至错误，作为主持人要认真接听，迅速做出判断确定是否接入该热线，如果接入，主持人该做什么样的即时评论等。

（二）深厚的理论功底与写作水平

新闻评论主持人应具有深厚的理论功底和写作水平。我国新闻评论节目近年来发展迅速，新闻主持人、评论员、观察员的工作内容和要求发生了细分和变化，各自的角色定位日渐明晰。但对于新闻评论主持人来说，写、说不分离是基点，也就是说，他们既是评论作者，又是评论的讲说或阐释者。他们应是口才出众的优秀记者，具有较高的政策理论水平，熟知国际国内相关方面情况，具有杰出的判断分析能力，同时具备出口成章的口才。新闻评论主持人还应具有科学务实的态度，在选题、搜集材料、写作时要做到求真务实，始终秉持理性、公正、科学的态度和精神，不能做自我推理或道德绑架。

在思想素质方面，新闻评论主持人应具有成熟的思维方式，在政策解读的分寸把握上有大局意识，能够正确处理敏感话题，尤其在纷繁复杂的形势面前保持理性冷静，坚持正确的舆论导向。

（三）深广的知识结构与丰厚的生活阅历

深广的知识结构给予评论员分析时事的格局。凤凰卫视新闻评论员的学科背景多为政治、经济、历史，且基本都做过专门的研究工作，是相关领域的专家，这也是他们的评论能够深入人心的原因。

生活阅历是指一个人在生活过程中所有经历的总称以及由经历获得的社会经验。生活阅历既与一个人的年龄、生活内容丰富程度有关，更与其对生活的领悟有关。成功的评论员年龄普遍偏大，曹景行51岁加入凤凰卫视，阮次山和何亮亮分别在55岁和50岁时加入，深广的知识结构加上丰厚的生活阅历，使他们在分析新闻事件时，稳健老练，颇有深度。在一些媒体较早发达的国家，电视评论类节目主持人比中国同行更年长，丰富的人生阅历、新闻素养和工作经验的深厚积淀，加之人格魅力，使他们主持的节目在受众心中具有权威感，甚至被公众赋予"意见领袖"的期望。

我国优秀的新闻评论节目主持人、评论员还十分缺乏，因此，应该不断完善培养、遴选机制，推进成熟的新闻评论节目主持人、评论员脱颖而出。

二、新闻评论主持人的语言风格

电视是"看"的艺术，更是"听"的艺术。电视的魅力不仅在于它有图像，还在于它有声音，我们不仅要关注图像，还要关注语言的质量。抓住观众的耳朵比抓住眼睛更重要。在新闻评论节目中，主持人语言的质量和风格更为重要，切忌语言规范却空洞无物的"流畅的废话"。

新闻评论主持人的语言样态通常是演讲式、谈话式或感慨式，其主要语言目的是交流观点，以理服人，真诚、理性、客观地探讨问题，不可用教训人的语气。

在批评报道和重大事理的剖析中，应该义正词严，态度鲜明。

（一）理共明、情共通——抽象与具象的结合

大众传播媒体形成的精神世界，是利用大众传媒对感性世界的摹写和抽象。人们通过人际沟通与感性世界直接联系，通过媒介沟通间接地认识感性世界。电视观众们理所当然地交融在他们同时处在的那两个并驾齐驱的感性世界，并受二者的双重影响。新闻评论担负着对新闻报道和社会生活的观察分析，鞭辟入里的抽象思维是其根本。观众不希望听到官话、套话，因此，主持人在观察时应有感性的视角，在具体表达时将理性分析与形象化的语言相结合，让观众容易理解，唤起切身感受，既有理趣又有情趣的评论才适合媒体传播，也才能达到与观众理共明、情共通的目的。白岩松常用"稀释"抽象概念的方式阐释，避免空喊口号或贴上理论的标签。评论内容若流于喊口号，缺乏真情实感和具体、形象的内容，则难以与观众产生共鸣。

（二）"动听"与"耐驳"

新闻评论主持人的语言既要有思辨性，还要通俗易懂，这也是播音主持专业在入学考试时都将"即兴评述"作为重点考查项目的主要原因。

梁启超曾就写论说文提过两点意见：一曰"动听"；二曰"耐驳"。"动听"即是对演说的要求，内容听来顺耳，平易通俗，易于接受，且要有修辞节奏、音韵的美感。例如，经常会设置一些富于交流感的设问、无疑而问或自问自答等。"耐驳"则是要语言逻辑严密，论据得当，论证有力，观点能立得住，引起受众的理性思考。这两点同样适用于论说体的新闻评论。新闻评论的语言要求字词准确、用语精当、得体，句段之间层次明晰，不绕不涩，干净利落易于接受。

鲁迅在《读的文章和听的文字》中谈道："诉于耳的方法和诉于目的时候是全然两样的。所谓听众者，凡事都没有读者似的留心。简洁的文字，有着穿透读者心胸的力量，然而在听众心里，却毫不相干地过去了。听众者，是从赘辩之中，拾取兴趣和理解的。"因此，要做好书面语和口语的结合，既要练达易懂，又要意理分明，还要有修辞节奏上的美感。说到底，还是写作与演讲基本功的结合，新闻评论主持人应在长期的学习、思考、实

践中不断锤炼自己的语言功力。

(三) 鲜明的语体风格

语言始终是主持人与观众交流沟通最重要的手段，从语言内容到表达方式，与体态语、风度、气质共同构成吸引观众的"场效应"，从而产生个性化的风格。在各种主持人中，很显然，每一种角色都包含着不同的讲话惯例：发话人如何表现自己，如何适应并承认观众。因此，新闻评论主持人的语体风格和"讲话惯例"就呈现出具体的特点。

"讲话惯例"或有两层意思。一是对于不同的节目类型，主持人的讲话惯例不同，有一定的套路或惯例。例如，综艺、少儿、生活服务节目等主持人的话语方式不尽相同。二是不同的主持人也有着不同的讲话惯例，或者说独特的话语方式、说话特点，这对于建立主持人的个性化形象非常重要。

新闻评论主持人的个性化评论可提供多个视角，多种见解，为观众提供参照系，有助于人们对新闻事件评价的主动参与和平等交流。不同主持人的评论既呈现思维的不同，也呈现有声语言表达的不同风格。主持人应在平时的新闻评论写作和节目主持中发掘自我风格，有意识地体悟自己的语言习惯，包括思维习惯、语言修辞表达以及声音高低抑扬、语言节奏等语体风格，强化自身的特点和优势，使其成为自身风格和魅力的一部分。

好的稿件具有鲜明的语体风格。语体风格是一名成熟的主持人，特别是新闻评论主持人的显著标志。主持人深入参与节目、写作评论，在写作、语言表达过程中逐渐形成自己特有的思维表达风格，从而有利于形成自己的主持风格。白岩松在他《痛并快乐着》一书中讲述了最初在《东方时空》做评论的经历：每天出镜评论3分钟，每天要写1000多字。这样坚持两年下来，他的评论能力飞速提升，也让观众熟悉和接受了他的评论语体风格。他经常使用修辞感较强的排比句式，借用一些流行歌曲歌词或时尚话语，犀利中有调侃，大白话中有哲理，别开生面的阐述角度构成他主持特色中重要的一面。

三、新闻评论主持人的主要语言形式

(一) 讲述

优秀的新闻主持人基本都是"讲故事"高手，这里的讲故事与文艺作品演播的讲故事不同，并非讲究语言的跌宕起伏、感情的大起大落、故事情境的生动再现，而是要把事情经过，即事实链条讲得简练、清楚、完整。并且内容也不能讲得"太干"，要对稿件进行口语化重建，这也是新闻节目主持人之所以为主持人而非评论员的重要特点。评论的力量重要的在于过程。过程叙说类似一篇简洁的记叙文,如果没有扎实的文学功底和良好的口头讲述能力,"过程"也未必能够具有评论的力量。

(二)概括、关联、类比

以典型实例或现象铺陈,依托新闻事实归纳、推理、概括形成结论,再进行关联、类比,提炼思想、亮明观点,是新闻评论主持人常用的语言形式。关联的基础是发散思维,发散性思维是主持人能力素质的一个主要特点,能够将不同的事物、现象以一定的思维链条进行关联,从而对比、思考形成新的观点。

四、开掘新闻评论深度的方法

(一)纵深解读

对公众普遍关心的新闻及时发表意见和观点,对事件或现象进行纵深解读,是扩大媒体和新闻主持人影响力的重要途径。尤其对于时事新闻、政府决策,如果只是单纯地传达,不仅有悖媒体的责任,也降低了媒体及主持人的公信力。如果能够对政策推出的背景、政策发布后情况的预测以及可能遇到的问题等进行多方面、多角度的解读,既可满足公众深入了解政策的需求、引领公众的理解或思考,也彰显媒体的责任感与主动性。

因此,新闻评论主持人必须对国内外情况进行持久细致的了解和研究,成为相关方面的专家,可以根据自己的知识结构和兴趣爱好,在经济、国际关系、贸易、法律等方面进行长期的深入学习和研究,这样结合具体的新闻事件才能够做出有深度的解读。

(二)多向思维

新闻评论的重要作用是为受众提供思维的角度和启发,因此主持人的发散思维尤为重要。发散性思维具体表现在对于一个新闻事实或社会现象,能够从纵向、横向、逆向等多个向度进行开掘性的思考,引发受众的共鸣与深思。

发散性思维不是为发散而发散,而是在对新闻事实和社会现象正确认识的基础上,利用自己新闻素养的储备对其进行关联、类比、对比等思维加工,从而提供给受众更加立体、丰富的思维体验。

(三)独家与独特

当今时代资讯爆炸,新闻的第一源头往往是共享的,过去抢独家新闻的节目创优方式已逐渐消失。如何把共享的新闻资源变为第二落点,把第二落点变为第一落点而成为独家表达,是各媒体及栏目竞争的重要领域。其中,对新闻信息的解读角度和解读深度是其核心竞争力的体现。例如,找到社会和大众对某一问题关注的"痛点",新闻评论节目主持人、评论员不仅需要对信息全面掌握,更需要有分析判断能力,如此,才能成为媒体权威度和公信力的重要支撑。

(四)信息处理与数据挖掘

甄别和滤取有效信息的能力本身就体现了新闻评论主持人的职业敏感、洞察力和行业积累。凤凰卫视评论员曹景行每天看十几种报纸,搜集海内外相关信息,他还利用人际关系,了解新闻背景和各方立场。在《时事开讲》栏目中,曹景行通过对信息的分析消化,研究出有说服力的观点,职业的信息搜集、研究能力有效地支撑了他评论的权威性。

当今大数据时代,数据成为新闻评论分析的重要依据。数据新闻量化研究为评论带来不容置辩的论证力量,确保了论据的客观与准确。

(五)胸襟和视野

新闻评论在立意和态度上要高屋建瓴,能够为受众提供事件的大背景和开阔的视野,引领受众在更高的层面理解新闻事件和现象,进入严肃的思考,建立栏目的权威感和思维高度。

五、中国古典小说评点的启发

评点是中国小说理论中闪耀着奇特理论光辉的部分。由来已久的明清评点派在中国古代文艺批评领域独树一帜,其灵活性、综合性、启发性的评论特点与当今媒体新闻评论的个性化风格有异曲同工之妙。凤凰卫视评论节目主持人杨锦麟就颇有这种评点风格。

评点派小说理论上带有直观性、经验性的理论形态,与西方纯思辨的、抽象级别较高的理论不同,是思理入妙、要言不烦的灵感式评论。评点的点与妙悟有关系,是一种突发性思维,如醍醐灌顶、当头棒喝。同时又是一种阻断式思维,符合灵感的特征,为小说研究提供了有容量、有张力的特殊思想材料。比如,毛崇岗评《三国演义》,"同花异果,同枝异叶之妙""横云断岭,横桥锁溪之妙"(连断的妙处);又如,金圣叹批《水浒》,"怨毒著书,庶民之义";等等许多精彩评点。

评点与诗文评论有很深的关系,它将阅读、欣赏、评论三者结合起来,体现了中国人往往不离事而合理的思维方式。其具体形式有序、跋、小说评点、作品的开篇、结语及内容的评点、笔记、书信、专题论文等。常常开头有序,序后有读法,每回前面有总评,每回中有眉批、夹批、旁批，对精彩的句子做圈点，等等，对小说做多方面的评析和欣赏。

评点是一种依附于作品的灵活多样的形式，同时又体现出综合性的思维成果，具有"小大由之"的特点。评点的优点是富于启发意义，能产生多方面的体会、多种联想。缺点是不精确，概念许多时候寓于形象之中，容易造成概念的多义性。比如，"《水浒》所叙，叙一百八人，人有其性情，人有其气质，人有其形状，人有其声口。"值得注意的是，还把个人的性格与其生活阅历、社会环境联系起来，强调其不同的个性特质。比如，"鲁达粗鲁是性急，史进粗鲁是少年任气，李逵粗鲁是蛮，武松粗鲁是豪杰不受羁勒，阮小七粗鲁是悲愤无说处。"

体育节目评论在这一点上表现突出。体育评论与节目进程相伴，体育比赛信息观众基本从画面上能够获取，体育评论员要注意深化，能够说出画面以外的东西，减少叙述成分，加强分析评论。中央电视台体育评论员蔡猛说，要能够随着比赛进程深入浅出地进行评论，有时还可融进哲理性的东西，如"进攻并非成功"等简要的评论，还有一次蔡猛在转播乒乓球比赛时称赞某位运动员的表现是"张飞绣花，粗中有细"，这些精彩的点评短小精悍，灵动自然。

第三节 优秀新闻评论节目及其主持人

一、白岩松及其主持的新闻评论节目

白岩松，中央电视台记者，著名主持人。20世纪80年代考入北京广播学院（现中国传媒大学）新闻系，后分配至中央人民广播电台中国广播报，20世纪90年代初进入中央电视台《东方时空》，后担任中央电视台新闻评论部主持人至今。他先后参加了香港回归、三峡大江截流、98抗洪救灾、国庆50周年庆典、澳门回归、北京申办2008年奥运会、中国加入WTO、悉尼奥运会、雅典奥运会、北京奥运会直播、多次"两会"报道等重大活动的报道。先后主持新闻栏目《焦点访谈》《新闻会客厅》《央视论坛》《新闻周刊》《感动中国》《新闻1+1》等。获中国金话筒奖"中国播音与主持"大奖特等奖、"长江韬奋奖""中国十大杰出青年"等荣誉。

作为一名优秀的新闻评论主持人，白岩松主持的专业性受到业界推崇、观众喜爱，其社会责任感受到社会广泛好评。节目策划、现场采访、撰稿、出镜主持，他都能出色担当，他思想深刻却善于用通俗易懂的大白话点评，他烛照社会众生但从未失去真诚，他理

性沉稳的思考里巧用诗意的语言表达,他乐为媒体与受众之间的桥梁,因而评论视角总是体现平民化色彩。白岩松自觉投身电视新闻改革进程,勇于自新、勇于变化,伴随中国电视新闻的步伐,他也成长为一名资深的著名新闻节目主持人。

在近三十年的电视新闻记者、主持人生涯中,白岩松一直战斗在新闻工作的第一线。他曾用这样的话来总结:"变化的只是时间,不变的是认真负责做新闻的理念,对新闻的真实性和过程性的追求,以及为观众记录梳理新闻的责任心。"

当各级电视台主持人通过成为制片人而发展为节目核心的做法渐成潮流的时候,白岩松断然辞去制片人职务。他希望回到一个独立的白岩松,他"要以白岩松的方式继续做主持人,而不是以制片人的方式"。

下面简要介绍白岩松主持的多个新闻栏目。

(一)《面对面》

《东方时空》设置子栏目《面对面》,主持人在组织、串联整个节目的同时,每天要拿出三分钟的时间与观众"面对面"交谈,可以由个人所见所闻有感而发,也可以依托前后节目的内容缘事而议,独立成篇或连续系列播出。当时,中国新闻节目主持尤其是新闻评论都处在探索时期,白岩松初出茅庐,在议题选择、材料运用、语言表达等方面,以特有的新闻敏感和文字语言的驾驭能力得到观众的青睐。他在《东方时空》《面对面》等节目中出色的采访和评论,使其日后有机会参加中央电视台多个重大新闻直播报道。

(二)《新闻周刊》

《新闻周刊》是中央电视台新闻频道一档周播综述型的新闻杂志类节目。此类涵盖一周新闻事件和热点人物的节目,国外同行形象地谓之"新闻胶囊",精心遴选的新闻为受众节省了阅读的时间和精力,并提供独特的报道和评论视角。

《新闻周刊》具有两个重要品质:一是评论;二是对于一周内已经公知的新闻,选择、制作不公知的角度、观点和细节。白岩松在《新闻周刊》中不仅是主持人,最初还担任过制片人,在栏目中起着主导作用。由于其专业地位和广泛的影响力,也使他的点评语言特色得以延续和深化。

(三)《央视论坛》

《央视论坛》是中央电视台新闻频道一档纯粹的评论性栏目。它不采集新闻,而是对各种媒体提供的新闻事实中引人注目、具有谈论空间的内容进行评论、分析和解读。在新闻频道里，它的功能相当于平面媒体的"时评"或评论员文章，其栏目追求可以用一句话概括：透过现象看本质。白岩松在《央视论坛》初期，是以"本台评论员"身份解读新闻、评点事实。栏目邀请一批熟悉政府方针政策、具有深厚专业背景的专家组成相对固定的特约评论员队伍，播出时以主持人与特约评论员对话的方式，对重大新闻背景、重大社会现象和社会问题进行评论、分析，发表观点。

（四）《新闻1+1》

21世纪初，电视新闻分析与言论性直播节目《新闻1+1》亮相中央电视台新闻频道。"1+1"即一名主持人加一名新闻观察员在演播室展开双人谈话模式，每期一个话题，围绕时事政策、公共话题、突发事件三大类选题，主持人提出问题、引发思考，"新闻观察员"白岩松进行深度解析。《新闻1+1》在中央电视台首次引入"新闻观察员"的身份，白岩松则从"主持人"转型为"新闻观察员"，意味着他对新闻事件的解读可以更加灵活，可以更多地从新闻传播的角度出发，话题评论伸缩有弹性，使他更能游刃有余。

二、杨锦麟及其主持的新闻评论节目

杨锦麟毕业于厦门大学历史系，赴中国香港后一直从事新闻媒体工作，先后担任多家媒体记者、编辑主任、主笔、杂志主编，亦是香港多份报刊的专栏作家。所著文字已达数百万字，是香港知名的两岸关系问题专家。由他主持的《有报天天读》，观众反应热烈，成为凤凰卫视最受观众喜爱的节目之一。该节目是观众午饭后热烈期待的"饭后点心"，亦是全球华人沟通的重要纽带。

《有报天天读》刚开播时，杨锦麟开玩笑说："我这把年纪转行干电视，是'再就业'工程。一般电视都是用一些靓女辣妹，凤凰卫视却让我这个报界出身的老头子来发挥余热。"几个月后，《有报天天读》好评如潮，杨锦麟却拿一个朋友的打油诗开涮自己："老杨读报，吓人一跳，普通话不准，英文走调，体形太胖，样子太老。"

一年后，《有报天天读》成了凤凰卫视的王牌节目之一。杨锦麟大乐，又拿观众来信中的几句话说事。信中说："我除了喜欢《有报天天读》带来的资讯，更喜欢杨先生的'变音普通话'，喜欢杨先生嬉笑怒骂，即便是摇一摇扇、呷一呷茶，都是风度翩翩。一点没有夸张和恭维，真的，你是我见过的最性感的糟老头子。哈哈，点题一个字：糟！"

杨锦麟觉得，观众喜欢《有报天天读》的一个原因是"真"。不掩饰，不造作，不矫情，虽然有时候不免会说错话，读错字，或者读音不够字正腔圆。"真"之外，还有一个"朴"。不虚伪，嬉笑怒骂，皆成文章，在电视上表现真性情。

第四节　新闻评论出镜训练

一、新闻评论出镜稿件的写作

（一）选题的重要性

选题应体现主持人强烈的社会责任感，对国家、民族命运的深切关注，或对社会和群众的深入了解。一般选择当前的热点话题、热点事件，内容有信息、有新闻价值。如此，主持人的人格力量才能在选题中得以发挥，也自然会赢得观众的厚爱。

（二）新闻评论稿与报章体新闻评论的区别

新闻评论稿随语言表达一带而过，虽然视频可以反复播放，但终究不像报章体评论文章那样有较多的逻辑层级、严密的概念、缜密的推理过程等。虽也有深入和递进，相对来说更讲究"点拨""提醒"，而非全面论证。

评论要有的放矢，要言不烦，以新闻事件为引子，夹叙夹议。要善于写短评，句型上避免复杂的复句、过长的句子，善于用一些形象感强、受众容易理解的关键词点到为止。评论的效果往往是"点化"，而非真正意义上的"说服"，可多做 350~400 字的短评写作训练。

（三）评论视角——从细节出发

新闻评论特别是新闻编排中插入的评论，短小精悍，评论视角尤为重要。往往是侧面观察，从细节、小角度切入，结合群众利益，达到鞭挞世事、人文关怀的目的。评论应尽量做到个性解读，将自己的生活阅历融入其中，言为心声，说出大家想说的话，说大家都听得懂的话。

（四）体现语言节奏

新闻评论稿的写作与有声表达是一体的，既要彰显评论逻辑，也要体现语言的风格与节奏。写的过程中就要考虑说出来的效果、观众的接受心理，类似演讲稿的写作，让观众爱听、耐听，听了以后能记住主要内容。要处理好表达的分寸，拿捏好这个"度"，要在实践中逐步积累经验。

二、新闻评论的有声语言表达

（一）表达清晰

表达清晰并非单纯是口齿清晰，还要求语意清晰、逻辑清晰。这样观众不仅能听清楚字音、语句，还能听清楚逻辑观点。

新闻评论语言伴随着评论者敏捷的思维，一般语速较快，注意快中要不失稳健，力求受众听清楚。有些学生训练时缺乏停顿，语意也就无法清晰了。语言表达重在说理，干练、流畅、不拖泥带水。

使用精粹的口语，尽量避免"嗯""呢"等口头禅，不要为了追求口语化，刻意加"嗯、啊、这样"等"水词"，这些"水词"会削弱评论力量，降低主持人评论的权威性和专业度。

（二）与观众交流思想的语气

新闻评论主持人要对内容了然于胸，真正关注这个事件的发展，然后以与观众交流思想的语气进行评论，这样才能条分缕析、切中要害，彰显态度观点。而不能只用"啊、呢、嗯"等语气助词，做假的评论状态，交流思想也就无从谈起。

犀利、尖锐的语气在一些批评性言论中不可避免，但应注意批评首先应当以理服人，本着"治病救人"的建设性态度平等交流，而非单纯地批评、讽刺、挖苦。要进行善意、"有格调"的批评，语气犀利而不乏风趣，态度鲜明而又点到为止。用平等尊重、探讨商榷的语气，而不是居高临下，武断地下结论，引发观众参与思考，使评论能够真正促使问题的解决，推进社会进步。

（三）彰显个性特点的语态

语态是说话的态度和方式。有人说，中国电视语态改变自崔永元始。将评论内容做一定程度的口语化，像自己说话一样地评论。说自己的话，自己说话。或幽默风趣，或和蔼可亲，或尖锐犀利，不必遮掩或隐藏，可以将自身的个性魅力彰显出来，也是构建节目魅力、吸引受众的有效手段。当然，这种个性特点既包括评论思维、评论视角的特点，也包括有声语言的节奏、语气的个性特点。

三、即兴评述能力构建

根据一定主题，将大脑中形成的一系列词语、句段，按照一定的语法规则组织成叙述或评论，从内容上讲对新闻传播类学生并不难。训练重点，一是要能够清晰、从容、自信地转化为口头表达；二是要在即兴上下功夫。课堂上练习的评论基本都是提前准备好的，甚至是背下来的，对于即兴评述能力，平时可进行如下练习。

（一）口头复述练习

新闻主持人必须具有很强的复述能力。口头复述是一种把听到或阅读的内容信息经过记忆、理解、加工，然后将这些内容口头表达出来。进行口头复述练习的目的在于提高听、读的敏锐感知能力、加强记忆能力及按照逻辑线索全面把握材料内容的能力。复述时，应注意既能够把握原材料主要内容的准确性，又能够进行总体概括和全面勾勒，而非字字句句死记硬背，还能够从一个新的角度进行归纳和复述。

练习时，可选取独立篇目的新闻报道进行复述，也可选取某日某报新闻版的新闻，摘编成一组 5 分钟的口头新闻复述，不用提词器，可以写下主要内容适当提示自己，注意锻炼述说的能力，而非背诵。

（二）口头描述练习

描述，顾名思义，像绘画一般描绘式的叙述，是通过观察将人、事、物、景等对象的特征及形态用形象的语言表述出来。它具有直观性、具体性、形象性等特点。记者在现场报道中经常用到口头描述，但这种描述往往不是"白描"，通常是从现场情况的描述联想到其他情况或引发某种思索。

口头描述对记者的基础语言素质要求很高，因为它是由现场的情景直接转化为口头语言，词句的准确、精当，语法的正确等基本功就显现出来了，琐碎、零散的词句达不到描述现场的效果。口头描述训练的目的不仅是提高观察能力，还有敏捷的思考联想能力，以及迅速组织语言的能力。

口头描述可以用一幅画、一张照片、一段视频，进行循序渐进的练习。时间以 1.5 分钟以内为宜，因为新闻现场报道中的描述往往更短，在练习中应追求语言的简洁、明晰，表述的精当，不可拖泥带水，反复拖沓。

（三）口头评述练习

口头评述不可能有像议论文那样的篇章结构予以支撑，评述时重在亮明观点、把握角度和论证方法，以及对于评述语言的构思与使用。评述包括评论和叙述，它是在前面复述和描述能力训练的基础上进一步深化和综合的练习。它可以在复述的基础上评论，也可以在描述的基础上评论，可以先评后述，也可以先述后评、夹评夹述。

口头评述的逻辑论证力量难以与书面评论相比，因此，须借用演讲和辩论的方法，将观点强调、梳理出来，给受众留下深刻、鲜明的印象。一方面，运用修辞手法增强语言在听觉上的力度和美感，例如排比、设问、比喻、顶针、用典、引用等；另一方面，运用辩论技巧，如击中要害、借力打力、移花接木等手法，善于从一些小的切口引申，或提出问题进行反思、反击，通过评述升华原报道论题，使其更有普遍意义。

口头评述练习可以一篇新闻稿、一张图片或一段新闻视频为素材，自拟一题进行评述。练习初期，先写出评述的主要内容或大纲、关键词语等，再进行口头评述。口头评述时要求脱稿，准备的内容只作为思维支撑，不能以背替代思考。然后过渡到不准备即开始评论。要求评论时间在 3 分钟以内。若时间允许，每名学生可以给予两次同题练习机会，第一遍练习经过教师、同学点评后进行修改，然后再说第二遍。课后可以单独练习，也可以小组练习。可每天 5 分钟。先是叙述 4 分钟，然后评论 1 分钟；一年之后，叙述 1 分钟，然后评论 4 分钟。

四、新闻评论出镜训练的方法

新闻传播类大部分学生有着良好的口才和语言表达素质，表达观点的逻辑性、层次性好，他们的思维素质和写作水平为新闻评论做了有力支撑，具有很好的潜质。新闻评论出境训练中，主要是在普通话语音、吐字力度和清晰度、语气语调的妥当以及镜头前、话筒前语言表达的自如自信等方面进行锤炼。

（一）出镜训练指导要点

新闻评论节目在新闻演播室或虚拟演播室录制。

1. 提前准备并熟悉新闻评论稿，3 分钟以内，不要死记硬背，背稿子不是评论的语气和状态。不用提词器，记关键词、逻辑链条。

2. 眼睛平视摄像机镜头，思维及状态集中到说理上，而非追求熟练的播报感。

3. 服装、化妆知性大方，符合新闻节目主持人的审美要求。发型不能遮眼，尽量不要遮住耳朵。坐姿肩平、背挺拔，注意背肌力量。

4. 在虚拟演播室录制时要注意主持人构图与背景抠像画面的和谐。

5. 拍摄时出现停顿，应通过换景别或换机位的方式接着拍摄，避免同一景别后期剪辑形成的跳点引起观众视觉不适。

（二）常见问题分析

1. 克服学生腔

学生腔是由于学生在心理上没有置于媒体工作者的定位，没有正确把握自己的"身份感"，以学生自我的身份进行新闻评论，致使语气"稚嫩"，给观众"小孩儿教训大人"的感觉，评论缺乏内在的力量。练习时要在内心建立媒体工作者的职业感和责任心，找准评论的点、关键词，不要像念材料似的，要有信念感支撑，相信自己说的道理。

2. 过分依赖稿件

有的学生吐字清晰，但过分依赖稿件，"太溜了"，说话的速度太均匀，虽是精心准备，却失去了与观众真实交流的感觉。要有"生—熟—生"的练习过程，在熟悉评论内容后要以交流感为引领，真诚地与想象中的观众进行交流，不要拘于一字一句地背，个别词语的替换或语气的停顿反而令交流更为自然。

（三）训练方式及要求

1. 一人，类似《中国新闻周刊》中主持人的新闻评述，有叙述有评论。
2. 两人，类似《新闻1+1》，两名学生任意组合完成，可以分工叙述和评论，也可以两人都有叙述有评论。

具体训练方式可根据班级同学数量和课时量决定。

（四）演播室新闻评论出镜作业要求

单人，新闻评论时长2.5分钟（允许剪辑），不允许超时，要求自己撰写新闻评论。语音标准，表达流畅，交流感好，镜头感明确，主持语气、表情、姿态符合新闻评论节目特点，突显记者型主持人特点。既能流畅地讲述，也能进行或犀利或幽默的点评，以达到交流思想和融通信息的目的。

提交的视频作业不用自加片头、不需要对上下期进行回顾或串联。

第七章 播音与主持语言创作的创新路径

第一节 注重感性、知性、理性、悟性

一、感觉、感受与感性活动

所谓感性，与理性相对，感性活动在播音主持中，就是指播音主持创作主体通过感觉器官对文本主体中的主客观事物进行思想感情和声音形式的反映与表现。如过去、现在、将来的时间感，高低、上下、左右的方位感，抑扬、急缓、顿挫的节奏感，甜酸、苦辣、咸淡的滋味感，黑白、明暗、深浅的视觉感等，要将感觉器官由自然、不自觉的状态转变为积极主动的状态。因为视若无睹、觉而不察、冷漠麻木、无动于衷等，无法使创作主体进入良好的播音主持状态。所谓"感之于外、受之于心"，强调主客观世界通过词语符号间接刺激创作主体，以引起他们的内心反应。播音主持创作主体对主客观世界的印象，包括各种外在形状、景象、面貌、特征等，他们通过想象和联想，被触动并引发内心波澜。只有蕴含这种内心波澜，说出口的词语才有具体可感的艺术性。因此，在感性活动中，词语感受和形象感受成为两个重要支点。词语感受的特点在于透过词语序列这一心理学上所指的第二信号系统的符号，主动接受词语所代表的事物的刺激，体味其中的含义，产生具体的情绪，并将这种情绪通过一定的语气展现在有声语言和副语言里。而形象感受的特点在于透过词语序列感知主客观事物，通过视觉、听觉、味觉、嗅觉、触觉及运动知觉等产生内心活动。也就是要求创作主体通过想象、联想，主动接受词语的形象刺激。在边体味、边表达的过程中，感受既是具体的，又是综合的。说它具体，是因为播音主持创作主体透过词语序列，想象和联想词语表达的人、事、物、理的个别性、特殊性。这种个别性、特殊性引发并活跃着播音主持创作主体的形象感受。说它综合，是因为播音主持创作主体透过词语序列感知词语表达的整体性。这种整体性决定了播音主持创作主体以词语形

态进行的各种人、事、物、理的形象感受都不是孤立存在的。也就是说,播音主持创作主体在话筒前、镜头前所说的每一个词语、每一段话,都是为推介一个人物,描述一个事件,说明一个事实,讲清一个道理,它们相互关联、相互支撑。只有保证形象感受的综合性、词语表达的连贯性,创作活动在感性方面的基础才是稳固的、具体生动的,而非笼统空泛的。

二、知觉、知性与知性判断

知觉和感觉同是心理活动,但知觉比感觉更复杂、更完整,更注意整体形象。因此,在创作的知性活动方面,在感觉基础上,我们更强调知性判断的必要性。知性判断则是"对语言目标行为的主观确认"。

比如,任何节目文稿或话题,对播音主持创作主体来说,在对词语感受的同时,必然伴随着对事实内容的确认、对事实意义的确认、对话语结构的确认、对情感调动的确认、对表达方式的确认等。所有这些确认的背后,都经历着创作主体对文本知识和社会实践知识的提取、鉴别、感受和判断,尽管这一过程因所反映内容、形式和创作主体的经验、反应有精粗快慢之差异,但播音主持创作主体始终努力将有声语言和副语言展示给接受主体。如果说事实内容、事实意义和情感调动的确认,跟创作主体的文化水平与社会实践密切相关,那么对话语结构、表达方式的确认,则与语言逻辑学习和表达实践感受不可分离。

具体来说,任何文本结构或话题,都有思路、文路的起承转合,也都存在各种关系组合、聚合的言语逻辑链条。从有声语言和副语言表达角度来看,作为播音主持创作主体,对这些思路、文路的言语链条的掌控,只有最终落实于语句的具体处理,才能真正被接受主体认可。正是在这个意义上,播音主持的内外部技巧,如并列、对比、递进、转折等逻辑关系及其表达技巧,就有了存在的永恒价值。

来看马致远的小令《天净沙·秋思》中的语句:"枯藤老树昏鸦,小桥流水人家,古道西风瘦马。"九个词语分开看,一个词语一个意象。"枯藤老树昏鸦"组合在一起,笼罩着一种衰败、凄凉的景象,在这种氛围下出现的"小桥流水人家"不免孤寂、清冷。"古道西风瘦马"似乎在预示:尽管这里人烟稀少,但还是有生命存在。而就在这样的客观景象描写中,作者巧妙地托出漂泊天涯、和马同行的主人公形象。一般诗词总是先写景后写情。这位主人公情在何处?"夕阳西下,断肠人在天涯。""断肠"两个字将主人公内心的伤感通过客观、外在的描述表达到极致。这首小令题目中抽象的"秋思",全被内容的具象所化开,从词语感受、形象感受到逻辑感受,从具体感受到整体感受,都不是互相割裂的，而是被秋思的情感所统率、所蕴含的。

综上所述，在有声语言创作过程中，无论感性还是知性，对播音主持创作主体来说，都不应停留于思维认识阶段，而必须转化为内心感受，并通过有声语言和副语言表达出来。感性可以偏重于词语组合的形象感受，知性可以偏重于词语结构的逻辑感受。就分析而言，它们是具体的，都在寻求可感性；但就创作而言，它们统属内心感受和内心反应，是综合中的具体。在形象感受、逻辑感受这些具体感受的基础上，要将其综合为整体感受。逻辑感受使我们把握住整体序列的不可移易，形象感受使我们把握住分段扩展的心驰神往。形象感受与逻辑感受互相结合，把文本的序列、扩展、全貌、细节尽收眼底。这里的形象感受与逻辑感受互相结合，既是具体感受的融合，又是整体感受的开始。只有具备了整体感受，才能深化感受，让各种具体感受有所归依。

三、理智、理性与理性思辨

在日常生活和工作中，我们称那种容易冲动、仅凭感情用事的现象为缺乏理智。而理智则表现为主体能辨别是非、利害关系，进而能控制自己的言语和行为的能力。这种能力从认知角度而言，就是与感性相对的理性。理性是指人们对人、事、物、理做出判断的思维运动。播音主持的创作过程，感性伴随知性，同时伴随理性。知性判断侧重于人、事、物、理的真实、可信、具体、细致；理性思辨则侧重于人、事、物、理的对立统一、内在联系。因此，理性思辨成为具体感受走向整体感受这一思维表达过程的重要一环和必经之路。

就播音主持创作主体而言，理性思辨在把握传播内容与内容之间、形式与形式之间的关系和定位，把握有声语言内部结构的关系和定位，整合有声语言逻辑感受与形象感受的关系和定位等方面尤为突出。相对于有声语言感性、知性的具体化、定向化，理性更显示出综合化特征。

知性不能认识到世界的总体，不懂得一切事物都在流动，都在不断地变化，不断地产生和消亡。而辩证法却能够克服知性分析方法所形成的片面性和抽象性，而使一些被知性拆散开来的简单规定经过综合，恢复其丰富性和具体性，从而达到多样性的统一。而辩证法的优点，也就是理性思辨的力量所在。

媒体每天的传播内容和形式，有预设，也有变化，无论是预设还是变化，都取决于社会的发展运动和受众的需求。然而，同是主体间的交流，传者和受者毕竟责任不同，媒体具有社会引领责任，这就促使任何媒体的播音主持创作主体必须树立政治意识、大局意识、核心意识、看齐意识。就具体节目来说，只要主题、结构框架和词语组织基本确定，有声语言表达的自足性也就有了保证。但是，这并不意味着传者可以不假思索地完成任务。理性思辨的意义在于让播音主持创作主体针对具体节目，联系与它相关的社会文化背景和历史现实状况，权衡利弊，结合传播语境以及受者文化层次与接受水平，给出相应的言语格调和语气分寸，并贯穿于节目的各个环节。如果我们把感性活动、知性判断定位在有声语言表达的微观层面，那么理性思辨就相对处于有声语言表达的宏观层面。就像戏剧表演理论中的"第三只眼"，理性思辨对播音主持同样起着一定的指导作用。

四、觉悟、自觉与悟性生发

一般意义上的觉悟，指的是人们由迷惑、糊涂到明白、理解的思想认识过程。播音主持创作主体能够实践感性、知性、理性这一播音主持创作水平的提升路径，也是对播音主持创作理论与实践的一种觉悟。但是，睁眼看稿不动脑、张嘴念稿不动心、节目主持无主见、话题组织无头绪等背离播音主持创作道路的现象也偶尔会在节目中出现。播音主持创作主体应学习播音主持创作理论，坚持正确的艺术创作道路，做到创作自觉。

自觉是一种自我意识。播音主持创作自觉是创作主体在政治意识、大局意识、核心意识、看齐意识指导下，遵循创作规律、实践创作理念、坚持正确创作道路的一种觉悟，也是形成播音主持创作艺术魅力的主观条件。哪怕是一场球赛转播，播音主持创作主体的立场倾向和语言表达的分寸把握，都能将其创作自觉意识的强弱呈现得淋漓尽致。

悟性一般指人们对事物的分析理解能力。播音主持的创作悟性，是指创作主体驾驭播音主持作品时所具备的，在感性、知性、理性基础上形成的理解与表达能力。有声语言和副语言表达形态的构成，有内容因素，也有形式因素和技巧因素。播音主持的创作悟性要求创作主体既不脱离有声语言和副语言的表达形态进行构思创作，又能透过表达形态抓住表达的精神实质。这就不是语言本身所能解决的问题，它关系到和语言表达有关联的其他方面的取舍，是创作主体经验知识和表达语境直接碰撞后的语言呈现。语言呈现能够反映语言背后的社会文化，包括创作主体个人的文化积累。

生发有滋生发展之意。所谓悟性生发，强调的是创作主体悟性的开发拓展。悟性能力有天生的影响，又非天生决定一切，后天的学习能够营造促进悟性生发的环境。播音主持中的创作觉悟过程也有高低快慢之分，它不是单靠表达实践就能获得的，必须由创作主体在表达实践中有意识地学习、体会和积累。它是创作主体长期实践的灵感呈现。这里的实践包括文化学习实践、社会生活实践、节目采编制作实践、有声语言和副语言表达实践。有声语言和副语言创作悟性最终正是通过有声语言和副语言表达实践得以展现的。因此，对表达实践这一环节来说，可以将有声语言和副语言的悟性开发作为基础与核心。但这绝

· 153 ·

不等于可以忽略其他环节的努力,因为它们是相辅相成、同生共荣的关系。

第二节　形成播音主持创作的风格

古今中外,对风格的论述有不少。在文学创作中,风格指的是作家通过作品体现出来的综合性的特点。一个作家的个人风格,可以反映出一个流派、一个社会、一个时代、一个民族的风格,因为"作家的生活环境、思想、感情、个性",以及"生活知识积累的广度和深度"对他"选择题材"和"运用文学语言的习惯和特色"都有莫大的影响,最终构成他有别于他人的特色。刘勰曾说:"才有庸俊,气有刚柔,学有浅深,习有雅郑,并情性所铄,陶染所凝,是以笔区云谲,文苑波诡者矣。"他在《文心雕龙·定势》中说:"章表奏议,则准的乎典雅;赋颂歌诗,则羽仪乎清丽;符檄书移,则楷式于明断;史论序注,则师范于核要。"曹丕在《典论·论文》中也说:"奏议宜雅,书论宜理,铭诔尚实,诗赋欲丽。"这些论述实际上都从主客观两方面解释了作家作品风格形成的缘由。

作品里面所包含的知识之多,事实之奇,乃至发现之新颖,都不能成为不朽的确实保证。如果包含这些知识、事实和发现的作品只谈论些琐屑对象,如果它们小得无风致、无天才,毫不高雅,那么,它们就会是湮没无闻的,因为知识、事实与发现都很容易脱离作品而转入别人手里,它们经更巧妙的手笔一写,甚至会比原作还要出色些。这些东西都是身外物,风格却就是本人。

可见,所谓风格却就是本人,指的不仅仅是作品的内容,也不仅仅是作品的形式,更重要的是作品的境界,"风致""天才""高雅"等就是境界的标志。这段话告诉我们:创作风格受到创作主体所处环境的地点、风土人情,个人学识修养和理想意志的影响,作品风格只是个人意识情感倾向通过一定的创作方法和手段体现出来的某种符号特征而已。

因此,个人风格的形成,既要养人,又要养文。这里的"文",非仅仅指文章,而是泛指一切艺术。风格是成熟稳定的艺术特色、独特的艺术个性。下面就从播音主持作品的创作实践角度来谈论播音主持创作风格的形成。

一、反映新的世界

艺术家对现实的反映一方面具有不可重复的独创性,另一方面这种独创性正是对客观真实的深刻揭示。所谓"反映新的世界",指的是创作主体敢于并善于从新的理念、新的角度、新的思路出发,揭示主客观世界真实状况的活动。

揭示自然界和人类社会始终处于动态变化中的主客观世界真实状况并非易事。以广播电视新闻为例，从后台的采编摄录人员到前台的播音员、主持人，他们的观察、辨析、判断能力，直接关系到所报道事实的选择是否得当，表达是否深刻。

二、构建新的语汇

播音主持创作主体反映新的世界、联系接受主体的主要媒介是有声语言和副语言。有声语言和副语言离不开文本语言和内部语言。因此，任何一个以有声语言和副语言为主要手段对世界进行反映的播音主持创作主体，也不能忽视在正确选择词语、准确运用辞格、确定恰当句式等方面的基本功。

所谓构建新的语汇，指的就是创作主体运用恰切的词语达到揭示世界真实状况之目的的活动。

由于播音主持创作主体所掌握的词汇量和所运用的修辞、句式不同，新的语汇构建所形成的不同语言结构，会直接影响播音主持创作主体的表达模式和风格。如以上白皮书需要向世人正式宣告而采用宣读式表达，在"中产阶级需要复礼"理念下围绕人们的身边事发表议论需要讲解式表达，就和文本的整体语汇构建有密切关系。不同的语汇会带给人们不同的心理感受。

我们再来比较同是电视片配音的下列三个语段：

语段一：这是位于××市××区的××小学，现在是早上的8点10分，以往的这个时间学生们都应该安静地坐在教室里，认真听老师讲课。但是奇怪的是，在这里我们看到的是另一幅场景。校园里、操场上到处是在进行体育锻炼的小学生，还有不少学生刚刚告别自己的家长，从容有序地跨进校门，开始他们一天的学习生活。

语段二：这场改革是对普通高中办学中长期实行的僵化课程体系和整齐划一育人模式的颠覆性变革。因为改革富有力度和锐度，而且率先在一个有着五千多万人口的省域范围内全面推行，方案的提出和实施无时无刻不承受着来自多方面的考问。这是一个充分沟通求证、集思广益的过程，一个不断消除疑虑、深化认识的过程，也是一个逐步统一思想、形成合力的过程。"选择"，是这一改革的主旋律。深化普通高中课程改革的核心就是落实选择权；落实学生对课程学习的选择权；落实教师对课程开发的选择权；落实学校对课程设置的选择权。三个选择权中，最为根本的是学生对课程学习的选择权。

语段三：德国柏林当地时间11月7日上午，由浙江大学和柏林工业大学、自由大学、洪堡大学共同主办，12所德国高校参与的"德国浙江大学周"活动，在柏林工业大学举行了开幕仪式。浙江大学校长杨卫、柏林工业大学校长约尔格·施泰因巴赫、中国驻德国大使馆公使李念平等在开幕式上致辞。

第一、三个语段为电视新闻片导语，第二个语段为电视专题片解说词。第一个语段谈话式表达的语气贴近日常生活，听起来更亲切、更轻松。第三个语段在告知大学周开幕仪式的举办地点、时间和主办方的同时，流露出一种对这种友好合作的赞许色彩，播报式表达的语气更开放、更自然。而相比之下，第二个语段的解说词，有关教学改革的术语和描述语，如"僵化课程体系""整齐划一育人模式""颠覆性变革""沟通求证、集思广益""消除疑虑、深化认识""统一思想、形成合力"，以及递进排比句式所形成的文本整体，使得评论色彩更浓，播报加宣读式表达更能显示冲出重围、锐意进取的改革气势。

对播音主持创作主体来说，以文字呈现的语汇构建结构和使内部语言外显的语汇构建结构，由于都未脱离语言基本结构体系，也就都可纳入文本整体看待，区别只是一个有形（有文本依据）、一个无形（仅有内心依据）而已。播音主持创作主体通过对现实世界的观察、辨析、判断，形成内部语言，再外化为有声语言和副语言，和播音主持创作主体通过对文字语言的观察、辨析、判断，再将其转化为有声语言和副语言，创作路径及传播目的可谓殊途同归。对用"新的语汇"构建来反映"新的世界"的理解，不必以前无古人、开天辟地为标准，而宜从观察世界的新思维、新角度，表达词语的新意图、新境界出发。停连重音、语气的不同处理，语节的疏密、声音的起伏、低头的时机、眼神的流转，这些看来仅仅属于有声语言和副语言表达技巧的东西，却无不连接着内容主题、词语结构，直接影响播音主持创作风格。

三、创造新的语境

一定的语汇形成一定的语体，一定的语体既依赖于一定的语汇，又规范、统率着一定的语汇。语体是创造语境的前提，语境通过一定的语体得以实现。比如，"我抬起头看见月亮，低下头思念起故乡"，作为日常谈话语体，易于人与人之间的直接交流，可以形成亲切的谈话语境；而"举头望明月，低头思故乡"，则诗中有画，画中有人，加上诗具有的平仄格式和押韵规则，吟诵起来就极易产生丰富的联想与美感，形成诗的意境。其他如新闻报道、观点评论、配音解说、节目主持等都会受相应的节目形式和语言表达规范的制约。

所谓"创造新的语境"，指的是创作主体为反映新的世界，通过构建新的语汇而在语言环境的谋划设计上有所作为。

受创作主体所处环境、受教育水平、社会经历与身份、表达功力的影响，加上各国家、各地区、各传播媒体的要求不同，不同创作主体用以反映新的世界的新的语汇可谓色彩纷呈、各有特色。当创作主体对语体有一定的认识，注意到各类语体间的不同特点，懂得新的语汇对形成一定语体乃至构成一定语境有重要影响时，他将更好地用有声语言和副语言创造新的语境。

前面我们讲到以国务院新闻办公室名义向国内外受众发布的白皮书，以深厚的史实来支撑中方拥有钓鱼岛主权的深刻社会历史语境；讲到因为国庆长假高速公路实行免费通行、景区实行优惠价格而发生拥堵和"井喷"现象，"秋风"却从一个侧面发现新中产阶级缺失礼数、亟须以"复礼"教化而表现出的现实说理语境；还讲到反映因地、因校制宜，用弹性上学方式促进孩子健康快乐成长的小学教学改革语境；以学生自主选择学习课程为主线的高中教学改革语境；以中外大学合作显示友好交流的语境；等等。这些不同的语境氛围，虽然以不同的媒介传播，却都以政论、报道等语体和电视专题片配音等语体融合的形式，通过播音主持创作主体有声语言和副语言的创作得以呈现。

以上谈到的语境，主要是将文本形式构成的语体作为它们的基础。而实践中，这一基础也包括无文本形式的语体，这种情况我们又该怎么看待呢？无文本形式的语体，看上去创作主体手头空空如也，但不可否认的是，只要创作主体张口说话，他说话的思路还是脱离不了所使用的语言基本组织结构。这以广播电视直播节目中出现的即兴评述最为典型。即兴评述创造的语境，往往跟评论类政论语体的表达特点紧密联系在一起。在确定主题、论点之后，论据是否真实可靠、论证方法是否恰当有力等，就成了创作主体在这种语境中必须关注的要点。无文本形式的语体，实际上仍然被文本的内在结构支配着。

在解读中央一号文件关于国家水利建设的薄弱问题时，特约评论员根据国家总体上缺水，而水的分布时空不均匀的情况，抓住"明显短板"和"最大硬伤"这两个关键词，以缺人、缺资金、缺管理为突破口，谈出自己对中国水利发展的看法与建议。

特约评论员注意用事实做论据，让想象空间虚中有实，既看到存在的问题，又提出解决问题的措施，这样就能使接受主体将信心建立在实事求是的基础上。创作主体在和接受主体的交流中，通过自己的分析论证而让接受主体或产生共鸣，或得到启示。这就构成了即兴评述的独特语境。

四、寻求新的表达

播音主持风格的占有者，必须是独创者，不接受现成公式，不追赶时髦，却钟爱独特体验、独特感受、独特表达样态。播音员不能老是一种腔调，必须根据不同的题材采取不同的播法。

强调独特体验、独特感受、独特表达样态和要求不能老是一种腔调，必须根据不同的题材采取不同的播法，都意在寻求表达风格的创新和独有。风格的流行，并非播音主持创作主体个人意愿所能左右的。重视社会环境、满足受众需求，是任何艺术作品被受众接受与认可的一个前提，以有声语言和副语言为表现手段的播音主持，它的创作风格当然也要以受众愿意接受和认可为原则。实际上，在考量节目成功与否、播音主持创作主体的有声语言和副语言的表达有效与否的时候，受众的接受和认可程度也是一个重要指标。

纵观中国共产党领导下的广播电视发展史，特别是自改革开放以来，广播电视迅速发展，出现了大量广播电视主持人节目和节目主持人，为有声语言和副语言的传播开辟了新的研究园地。但就表达风格研究而言，目前对于有稿播音的评论，大多从内部技巧如情景再现、内在语、对象感的把握，和外部技巧如停连、重音、语气、节奏等方面分析；而评论节目主持，更多是从策划创意，运用不同词语、辞格来叙事、讲解、提问、评论等方面分析。但无论是有稿播音还是无稿播音，从有声语言和副语言表达这一研究角度看，一个不容忽视的问题是，都存在"你中有我，我中有你"的交融特性。比如，有稿播音同样得关注不同的策划创意，不同的词语、辞格，关注叙事、讲解、提问、评论的不同样式、体式及表达手法，而无稿播音若不注意内外部技巧的综合运用，有声语言和副语言的感染力就会被削弱。换句话说，反映新的世界、构建新的语汇、创造新的语境，都必须落实于寻求新的表达上来，须重视播音主持内外部技巧的综合运用，这样才有可能展示出有声语言和副语言传播艺术的风格特征。

毛泽东写的《七律·长征》，多少艺术家朗诵过它，而齐越、夏青的朗诵尤为独特。那抑扬顿挫的语势变化中，既饱含个人文化知识、社会经验的积淀，又饱含创作方法、表达手段，包括对诗词韵律知识的掌握。齐越将在战争年代的亲身经历作为联想对象，通过朗诵式表达，让人情不自禁地被红军的革命乐观主义精神所感染；夏青古文功底深厚，通过宣读式表达，历史的厚重感油然而生。如此具有创作主体独特体验、独特感受，以及独特表达样态的有声语言典范之作，不仅在它们播出的时代深受大众的欢迎，至今听来也令人敬佩和感动，这样的有声语言表达创作值得每一位从业人员学习和继承。

有声语言呈现的境界是否高雅、是否通俗，与播音主持表达是否得体、是否准确息息相关。这里的高雅、通俗、得体、准确，不只是在形式上正确运用节目语体，追求遣词造句的到位，更要求创作主体根据不同时期、不同媒体和不同受众的需求，正确运用内外部技巧，将新理念、新情感通过一定的语气、节奏、眼神和表情变化，注入有声语言创作之中。只有如此，才不至于说起自己的事情、用自己的语言时活灵活现、头头是道，讲述别人的事情、转述别人的语言时便无动于衷、平淡苍白；只有如此，创作主体的个人性格特征和节目的语体特征才可能有机结合，有声语言才不至于出现"千人一面、万人一体"的

"播音腔""主持调"等同质化现象；也只有如此，随着播音主持语体样式的不断丰富，才可能产生紧跟时代发展的语体兼容现象。

以上从创作实践和风格形成的角度出发，说明反映新的世界是所有传媒人，尤其是播音主持创作主体的责任所在，构建新的语汇是播音主持创作主体孜孜以求、苦心经营的重点，创造新的语境是播音主持创作主体努力追求的目标，寻求新的表达则是播音主持创作主体每一次在镜头前、话筒前付诸实施的艺术特色之所在。

第三节 注重播音主持的感染力和艺术个性

作为广播电视节目的播音员、主持人，怎样才能表现出感染力呢？深入实际生活是增强感染力、把握好播音主持基调的关键；不断提升自身素质是增强播音主持感染力的内在动因；用真情实感打动受众是增强播音主持感染力的前提条件；强化有声语言的功力是增强播音主持感染力的重点所在。

一、深入实际生活

深入实际生活是增强感染力、把握好播音主持基调的关键。社会生活丰富多彩，电视媒体技术日趋先进。如何更好地发挥自身的优势，在把握基调、突出主旋律的前提下完成多种风格的电视播音，已成为摆在电视播音员、主持人面前的重要课题。

深入现实生活中去观察、体验，不仅仅是记者的事，对于播音员来说同样重要，只有深入火热的现场，播音时才能更准确地找到稿件所提供的那种基调和感情，才能鲜明、生动地通过声音再现场面和人物，播音主持的技巧才能有所依附。当然，这里并不是说每篇稿件都要深入现场，否则就播不好音。客观地说，没有这个必要。但有一点是肯定的，深入地观察和体验生活，对于电视播音员塑造贴近生活的播音形象是大有益处的。

二、不断提升自身素质

不断提升自身素质是增强播音主持感染力的内在动因。播音的过程是个再创造的过程，这个再创造主要是指播音员、主持人对稿件内容透彻理解之后，在头脑中展开丰富的想象，然后通过有声语言，把稿件内容准确、鲜明、生动地表达出来。而要做到这点，就必须下苦功学文化，钻研业务，使自己具有广博的科学文化知识和熟练的业务技巧。

作为播音员、主持人，要想使自己具有感染力被受众喜爱，就必须努力提升自身的修养，不断提高自己的综合素质。因为，理论修养关系到播音员对稿件内容理解的深或浅，心理修养则与播音员在话筒或镜头前的状态、情绪把握密切相关。然而，这些都不是孤立存在的，需要播音员、主持人具有一定的综合能力将其综合起来，然后融汇到播音中去。这就要求播音员必须具有广博的知识和良好的综合素质，能够迅速、敏捷地抓住稿件的主题思想，并准确鲜明地将其表达出来；在语言处理上，能做到浓淡相宜，甚至一点微小的细节和变化，也能让观众感受到。这样才能使播音员真正塑造出群众喜爱的播音形象来。

三、用真情实感打动受众

用真情实感打动受众是增强播音主持感染力的前提条件。在演说和一切艺术活动中，唯有真情，才能使人怒；唯有真情，才能使人怜；唯有真情，才能使人信服。作为一名主持人，要想使自己的表达具有感染力，必须有真情实感。只有用真挚的情感、竭诚的态度才能击响人们的"心铃"，刺激之、振奋之、感化之、慰藉之、激励之。

广播电视节目主持人出现后，广播电视播音的内涵也随之增多，同时他们也赋予了广播电视人格化的鲜活的生命力，改变了广播电视与受众之间的关系，也为广播电视面向生活、贴近受众提供了有利的契机。那么面对众多受众的需求，广播电视播音员该如何正确把握"情感投入"使之播音（主持）的节目更深入人心，并塑造出独具特色的播音形象呢？情感是同人的高级的社会性需要相联系的。高级情感具有鲜明的社会性，并表明作为社会实体的人对生活各方面的各种现象的态度。这就说明主持人要想赢得观众的心，必须善于向观众敞开自己的胸怀，并流露真情实感。广播和电视播音员、主持人所投入的感情色彩，就是道德感、美感、理智感的完美统一。

四、强化有声语言的功力

强化有声语言的功力是提高播音主持感染力的重点所在。为什么一些播音员、主持人不但脸蛋漂亮，而且经纶满腹，却依然不能吸引受众？这主要是因为播音员、主持人有声语言的功力不够。展示不出应有的独特的气质和个性，没有给受众耳目一新之感，更谈不上具有吸引受众的魅力了。

众所周知，广播节目和电视节目的播音员、主持人进行的信息传播是离不开有声语言的运用的。这里说的语言不是日常的生活语言，而是工作语言。它具有规范性、庄重性、鼓动性、时代感、分寸感、亲切感。作为播音员、主持人首先要普通话标准，发音吐字正确流畅，避免在工作中出现方言土语。播音员、主持人，尤其要重视语言的"规范性"。

我国的汉语言博大精深，可以说不同的字、不同的字词搭配有不同的音域及调值，反映出的意义也大不相同。再有，播音员、主持人肩负着推广普通话的主要责任。语言的统一规范，对于国家的稳定和发展极为重要。

当然，强调规范性并不否定个性存在。由于发声条件不同，每个人的声音都有自己的特色与个性。播音员、主持人只能在正确发声的基础上发挥所长，体现自己的精神风貌和与众不同的艺术素养，充分显示出自己的个性。同时要克服追求某种自以为美的声音，特别不能模仿广播电视中某个自己崇拜的播音员的声音。刻意模仿某个人的声音，常常是发声方法不良的根源，它不仅束缚了播音创造力的发挥，严重的甚至能导致发声困难或喉部病变。

总之，播音员、主持人要想满足听众的需求，不露痕迹和潜移默化地吸引听众，让听众在不知不觉中敞开心扉，兴趣盎然，如痴如醉地沉进其中，享受广播电视节目所带来的快乐，就必须不断地加强学习，刻苦钻研，增加阅历，厚积薄发，提高文化素质及修养。只有如此才能自如地表达出或明朗，或含蓄，或严肃，或活泼，或豪放，或柔婉的声音，进而真正做到把思想和感情巧妙地融入其中，让审美情趣负载着艺术之美，让语气负载着思想之魂，最终使广播电视节目深入每个受众的心田，具有感染力、渗透力、影响力。

五、保持播音主持的艺术个性

个性，标志着艺术境界里一种特有的风格、独具的魅力，是播音员、主持人与他人的不同之处。一位个性鲜明的主持人更能赢得听众。因此，形成广大听众喜爱的鲜明个性，应该成为每个播音员、主持人追求的目标。

一般认为，对广播播音主持个性的追求不应背离广播播音主持的共性，个性与共性是共存的、互补的，对个性的追求应建立在对共性的把握之上，广播播音主持应把个性与共性处理得和谐统一。那么，广播播音主持有哪些需要把握的共性呢？主要有以下几个方面。

（一）总的基调要积极向上

广播是一种大众传媒，它在丰富人民群众文化生活的同时，也起着重要的舆论导向作用，所有广播人的共同劳动成果最终要靠播音员、主持人带给受众，播音员、主持人是广播节目的"终审者""把关人"，所以，播音员、主持人的态度、语气从某种意义上说决定了节目的价值取向。

稿件的总基调不外乎有正面的、侧面的、反面的几种，然而，不论是正面讴歌，还是侧面引导与反面鞭挞，其最终要达到的目的只能是积极向上的，这本身也符合事物发展的普遍规律。所以，在表达作品时，心态首先应该是积极的、向上的。播音员、主持人在运用语言时必须规范、生动、朴实；既不要追逐时髦词语，又不可咬文嚼字，堆砌辞藻；语调应亲切、自然、流畅；既要尊重听众、虔诚有礼，又不能逢迎媚俗，刻意取悦听众。

播音员、主持人在实际工作中往往在播音发声、表达技巧上下的功夫多一些，但外在的表现体现的是内在的美。要想创作出优秀的作品，思想和行动应该是完全统一的，只有首先是一个高尚的人，才能有高尚的作品。所以，要想成为有个性的播音、主持人，应在提高业务能力的同时，提升自身修养，提高个人的内在素质。

（二）充分调动听众的想象力

广播艺术是听觉艺术和想象艺术的统一。只有充分调动听众的想象力，把听众引领进想象的空间，才能使听众的思绪融入节目。

视觉形象最终都停留在画面实物之上，有一个准确的直观性，观众可以一览无余，这时艺术形象的清晰度和准确性已经十分明了，形象已不靠想象去塑造了。而听觉则不然，正因为没有客观的再现，所以形象在人们脑海中留下了可以自由描绘的空间，而广播的特性也决定了广播的形象必须是虚拟的。因此，广播的形象更多的是以虚代实或实虚相交，当审美主体在感知这些形象时，不是见物认物，而是按照自身的情感、愿望、理想通过想象集中到一个焦点上，从而塑造出内心的典型形象。可以说，正是想象的虚拟性，才使得审美主体踏进一个崭新的艺术幻境，为万物写照，替人物传神。这种调动和引领听众想象力的功力是需要长期磨炼的。

（三）对不同文体做不同处理

不同的播音主持作品对有声语言的声音色彩有不同的要求。要表现好不同的文体，就必须依赖多样的语音表现来展现其形象性。

播音主持作品的文体类型大致可分为叙述型、议论型、抒情型三种。

1. 叙述型

叙述型的作品内容主要是对具体事例的描述，要求播音员、主持人能做到绘声绘色，讲得逼真传神，因此，要求语言自然、节奏平实，语音的情感造型与叙述内容的情感基调保持一致。在处理作品时应尽量模仿人物的真实声音。不同年龄的人物其语音表现特征是不同的，不同性格的或不同心情的人物的语音表现特征也是不同的。这些都应用不同的声音来表现。叙述文体中的情景表现有多种色调，如温馨型、喧闹型、冷清型等。播音员、主持人需要将声音的情感造型塑造得与情景的色调相一致。作品中的许多成分往往是为了表现人物的动作过程，有很多具体而形象的描写。表现动作过程需要注意音色的张弛与动作的张弛相一致，吐字发音的弹性应带有动作过程中力量的变化。声音的绘声绘色是通过对具体词的细微把握展现出来的。做到这一点，场景的动作感就强了，给听众带来的听觉感受就强了，听觉形象感就在听众的脑海中建立起来了。

2. 议论型

议论型的作品内容主要是说明和论证某个问题、观点，要求播音员、主持人必须有明确的态度，论说的情绪要饱满有力，但也要把握好分寸，既要切忌情绪的抒发太直太露，缺乏理性成了叫嚣；又要避免论说过于严肃，缺乏真情成了说教。议论分析，其态度是庄重的，语气是坚定的，表现为句首起势较高，逐渐下行，收尾沉稳、干净利索。另外，一个论述型的语句往往表达一种论证态度，因此语义是唯一的，重音也就只有一个，必须准确判断该句的重音所在；议论型的语句所表现的态度或肯定，或否定，或称赞，或贬斥，这些态度的传达主要靠该句的重音来表现，所以重音所表现的情感态度，播音员、主持人必须明确。另外，在渗透语气色彩的同时还要加重该词的分量，并延长音程。作品中的论说型语言很多都是哲理性的话语，这些话语在作品中起着画龙点睛的作用，它的耐人寻味可以极大地调动听众的情绪。表现这类话语应该用朗诵诗歌时的情感状态，要放开情绪来展现它，只有诗化的表现方式才可以使其感染人。论说性的语言有着极为严谨的逻辑关系，播音员、主持人要十分清楚作品语言内在的逻辑感受。重视逻辑感受的提取和表现，能够使语言形成极强的逻辑冲击力，使听众信服。

3. 抒情型

抒情型的文体则要求语言紧随文章情感，充分展示情感律变，句句情感充沛，字字融情含意，节奏变化多样。播讲过程中的意境情感基调所处的整体场景由单个物象词语即意象组合构成。因此，营造意境，就必须着力表现意象，由多个意象组合构成的意象群来整体表现意境，这就需要注意意境整体与意象局部的和谐统一。处理作品前要完全熟悉作品内容，这样创作时才能够迅速进入状态，并可以时时调控自己的情绪，与内容同步前行。高兴也好，悲伤也好，都能迅速调整到位，自然、本真地传达情绪，让自己的情绪去感染听众。不管什么文体的作品，要想充分表现作品有声语言的形象感，就一定要充分感受作品中的语言要素所蕴含的形象感，比如词语的形象感、逻辑层次的形象感等，抓住了这些，多加练习，就可以很好地创造出作品中的音声形象，达到作品的完美展现。很多情况下，在同一篇作品里融汇了上述多种文体语言，这就要求播音员、主持人对其做认真分析，对应运用恰当的语言风格，充分表现作品语言的形象美。

第四节　提升播音主持的即兴话语质量

播音主持的话语表达分为有稿和无稿两大类型。

有稿，就是已经完成语言的编码，有了写好的文稿，依照稿件播音或者说话。不论是低头看手中的稿件，还是抬头看提词器，或者是背诵下来，都大大省略了大脑编码过程，减少了头脑中组织语句的劳动。这样的话语有的虽然语言句式复杂，论说的逻辑关系多变，表达的内容层次丰富，却也往往能够表达得严谨、流畅、周到、连贯。即使播音员偶然发生个别的结巴，也不影响整体内容规范的格局。当然，优秀的播音和背诵表达，也还要在头脑中还原"组织"语句的过程，使话语显得生动，但这一过程依附于已经完成的文稿，编码的劳动强度显然不大。

无稿，就是指在说话的时候要即兴编码，边想边说。播音主持的即兴话语有即兴的现场描述，有即兴的意见表达，有即兴的评说感言。无稿的即兴话语有两种，一种是已经有了话语的框架大纲，大体结构已经既定，到需要的时候即兴表达语句即可；另一种是眼睛刚刚看到，脑子里刚刚想到，稍加思索就开口说，甚至是边说边想，想着的同时就在说着，并且造句的同时还要兼顾段落的结构。这两种无稿的情况虽然有所区别，但大同小异，都是头脑中正进行着编码思维过程，基本动作是即兴进行口头造句。

即兴口头造句是一名优秀主持人的基本功，在记者型主持人的现场报道中，在谈话节目主持人的对话中，在晚会节目主持人的叙述中，在各种栏目的采访中，都有大量的即兴话语要说。有时演播室的新闻主播在播讲新闻稿的过程中可能要与现场的记者或者领导干部、当事人直接对话，这时也需要有少量的即兴话语。

一、即兴话语要抑扬顿挫也要流畅连贯

即兴话语要在有抑扬顿挫的基础上流畅连贯，少发生结巴，不发生病句。不过，这与有稿播讲相比，还真不是那么容易的事情。

即兴话语表达能否成功，在于说话人自己是不是有熟练的造句能力。一般来说，熟悉的事物，也就是常想常说的事物，那些相关的词汇和句式都不陌生，造句就容易，话就能够说好。再次说起曾经想过说过多次的话，即使是重新整合词语片段，也不是件困难的事情。相反，如果说的是生疏的事物、不甚了解的事物规律和临时要表述的长句，那就有可

能说得磕磕绊绊不成句，甚至是病句、错句。

播音员、主持人要想提升即兴话语的质量，从根本上来说，就是要熟悉方方面面的社会生活，做个社会知识广博的"杂家"，不但知晓那些事，还应知晓那些名词动词，那些常说到的句式。平时观察阅读的视野要宽阔，善于积累各方面的常识，特别是要有意留心自己话筒前、镜头前常常要讲到的那些领域的事物。要争取话说到哪里，都有相应的知晓，报道涉及哪里，都有相应的话语储备。不熟悉的事物，无论如何是讲不好的，更不用说即兴表达了。

在很多电视台，新闻主播也是多面手，也常常出现在报道现场和晚会主持台上，他们长期大量地播讲新闻稿，也许能够知晓社会多层面的多种多样的事物。但是，在某些时候，新闻的语速太快，所播报的事物没有在头脑中留下太深的痕迹就过去了，其实他们还是不太熟悉那些事物和相关词语。此外，新闻播音使用的语言由于有太强的书面用语特点，有时还是不能较好地移植到即兴口头话语中。因此，他们还面临着即兴话语造句再学习的任务。

二、即兴话语要使受众易懂

即兴话语要让人们容易当面听懂，这是播音主持获得成功的另一方面。即兴话语用词要考虑与听众观众的共同语境，使用人们熟悉、不会产生歧义的语汇。如果报道说某国总统"易人"就会令人费解，在口语中这个动词改成"换人"就自然多了。这和一般广播电视语言的要求一致，但在即兴话语中应该更为注意。

在说明一个事物的时候，常常使用的一个手法就是比喻。比喻，就是用熟悉的比喻不熟悉的，用容易理解的比喻费解的，用简单的比喻复杂的。比喻得恰当，能让人有强烈的形象感，有一种顿悟式的理解。曾经的"早晨八九点钟的太阳"的比喻鼓舞了一代又一代的年轻人，"远远看上去，山梁像一个巨人躺在那里"立刻使人随着听觉的呼唤产生联想或者新的视觉领悟。

即兴话语要求讲话人对于看到的情况有数量方面的介绍，当然这只能是大致的估量，不可能很精确，但这种估量很有意义，当然也不能相差甚远，胡说乱估。比如现场大约有多少个人，有多少棵树，有多少辆车，旗帜有多高，路面有多宽……这与一个人的生活经验有关。有一定阅历的人，现场判断得准确，话就说得自信流畅。反之，思维的迟滞有可能引起话语的不利索，如果估量有误，那就更加"伤害"了即兴话语。与估量相伴随的是换算，即兴话语中的换算有加速理解的功效。比如"两个篮球场那么大的地方""大约两人高的位置""等了差不多有一节课的时间"，这更有助于听众的理解。

即兴话语要讲好个人当时当场的感觉。人在现场，要伴随着眼耳鼻舌身的直接感觉，恰当、生动、准确地讲好自己的感受。这当中也包括当时涌上心头的感情或感动，或震惊，或激动，或惊讶，或喜悦，或悲伤……感觉大悲大喜才需要使用情感词汇。使用情感词汇要贴切，要避免矫揉造作。有时还有更直接的身体感官体验，或感觉呼吸顺畅，或感觉一片清凉，或感觉气喘吁吁，或感觉手脚麻木。

即兴话语的表达常常要有手势和动作相伴随，手势动作将会为即兴话语增添色彩。伸手触摸，转动身体，抬头观望，手臂高举，指向远方……这些即兴的动作与即兴话语配合，使语音产生了活力，这种活力使广播的听众根据自己的经验产生置身于现场的联想。积累一部分常用的形体动作并且使用好这些形体动作，是从另一方向提升即兴话语质量的途径。

三、使用好即兴话语离不开逻辑能力

使用好即兴话语，要有相应的逻辑能力。快速的即兴口语没有琢磨推敲的过程，脱口而出，侃侃而谈，以讲话人的基础逻辑能力修养为起点。

事物之间有多样的关系，在语言表达时，有并列，有对比，有交叉，有递进，有转折，有让步，有因果，有承接，有正反，有矛盾；这些关系还有可能演变成多重的关系，尽管口语中的层级不会太多，但是关系层次还是经常要说到两层以上。这些语句间的各种关系通过相应的关联词来呈现，因此准确使用这些关联词尤为重要。在口语中，这些关联词有的需要说出来，有的不必说出来，但说话人心里要明白，如此话才能说得明白准确。

逻辑推理有演绎推理和归纳推理两个方向，即从一般到个别和从个别到一般。这些推理方式在人类文化中已经历经了几千年，这样的逻辑能力播音员、主持人并不是没有，日常思考都在使用，而要在即兴表达中充分运用、操纵自如，就有一定的难度。然而，不能因为其难就放弃了，整个社会的观众听众的文化修养、理解能力、评判能力都在提高，所以也就推动着即兴话语的水平不停地向高质量发展，不能在这方面不断前进，就是在停滞倒退。

尝试着多写，在一次次的修改中体会各种逻辑关系和逻辑推理的表达，是提高逻辑能力的重要途径，炼词炼句达到一定数量后，逻辑能力就会惊人地转化到即兴话语上来。当前，我们看到的优秀的突发事件报道、即兴评论、即兴谈话，成功的现场主持、现场解说、现场掌控，无一不是在这方面较为强劲。

参考文献

[1] 王倩. 新闻播音与事件评论［M］. 昆明：云南大学出版社有限责任公司，2021.

[2] 许成龙，杨帆. 播音主持艺术语音发声基础［M］. 北京：中国广播影视出版社，2021.

[3] 高贵武. 出镜报道与新闻主持［M］. 2版. 北京：中国传媒大学出版社有限责任公司，2021.

[4] 马洪奎. 搭建产教融合平台深化新时代应用型传媒人才培养改革［M］. 重庆：重庆大学出版社，2021.

[5] 苏凡博. 主持人即兴评述［M］. 北京：中国传媒大学出版社有限责任公司，2021.

[6] 季峰. 广播节目播音与主持训练教程［M］. 南京：河海大学出版社，2021.

[7] 邓咏涛，秦洋洋，杜雨霖. 播音员主持人综合技能实训教程：广播播音主持［M］. 成都：四川科学技术出版社，2021.

[8] 饶丹云. 新闻节目播音主持教程［M］. 上海：同济大学出版社，2020.

[9] 战迪. 播音主持综合训练教程新编［M］. 北京：中国传媒大学出版社，2020.

[10] 吴郁. 主持人语言表达技巧［M］. 3版. 北京：中国广播影视出版社，2020.

[11] 姜燕. 即兴评述［M］. 北京：中国传媒大学出版社，2020.

[12] 张慧鑫，解岩. 播音主持创作理论研究［M］. 长春：吉林文史出版社，2020.

[13] 刘馨. 播音主持语言表达艺术探索［M］. 北京：现代出版社，2020.

[14] 苏凡博. 媒介融合背景下节目主持人传播力［M］. 北京：中国社会科学出版社，2020.

[15] 潘娴，李鼐. 新媒体内容生产与编辑研究［M］. 北京：中国国际广播出版社，2020.

[16] 鲁景超. 播音主持艺术［M］. 北京：中国传媒大学出版社，2019.

[17] 崔文胜，崔宏飞. 播音与主持艺术初学入门与提高［M］. 石家庄：河北美术出版

社，2019.

[18] 林小榆. 融媒时代的播音主持艺术研究：现状与趋势［M］. 广州：暨南大学出版社，2019.

[19] 高贵武，杜晓红. 中国主持传播研究［M］. 北京：中国传媒大学出版社，2019.

[20] 吴倩倩，钟涵，王娇娇. 伦理学视野下电视媒体播音主持人员形象与行为研究［M］. 成都：电子科技大学出版社，2019.

[21] 赵红芳. 电视节目类型与主持［M］. 长春：吉林美术出版社，2019.

[22] 刘京林. 新闻心理学概论［M］. 6版. 北京：中国传媒大学出版社，2019.

[23] 李杰. 新闻语言信息噪音研究［M］. 上海：上海三联书店，2019.

[24] 肖灿. 融媒时代的新闻传播途径研究［M］. 长春：吉林人民出版社，2019.

[25] 王文科，黄建省. 中国区域广电优秀作品研究［M］. 杭州：浙江大学出版社，2019.

[26] 仲梓源. 电视新闻播音主持教程［M］. 2版. 北京：中国传媒大学出版社，2018.

[27] 陈康. 新媒体时代新闻播音主持理论与实践［M］. 青岛：中国海洋大学出版社，2018.

[28] 林杨，林云，仝品杰. 播音主持训练与新闻传播应用［M］. 哈尔滨：哈尔滨地图出版社，2018.

[29] 胡黎娜. 播音主持艺术发声［M］. 北京：中国广播影视出版社，2018..

[30] 李凌. 新闻播音［M］. 北京：中国传媒大学出版社，2018.

[31] 贺超. 播音主持话语技巧养成路径初探［M］. 长春：吉林大学出版社，2018.

[32] 梁亚宁. 融媒体时代播音与主持艺术发展策略［M］. 长春：吉林大学出版社，2018.

[33] 徐翔. 广播节目主持教程［M］. 合肥：合肥工业大学出版社，2018.

[34] 吴信训. 新编广播电视新闻学［M］. 上海：复旦大学出版社，2018.

[35] 李凌. 语言表达基础［M］. 北京：中国传媒大学出版社，2018.

[36] 杜晓红. 艺术语言研究［M］. 北京：中国广播影视出版社，2018.